O 15 de Novembro
e a queda da Monarquia

CB026895

O 15 de Novembro

e a queda da Monarquia

Relatos da princesa Isabel,
da baronesa e do barão de Muritiba

Keila Grinberg e Mariana Muaze (ORG.)

Chão

Copyright da apresentação, do posfácio, do apêndice e das notas
© 2019 by Keila Grinberg e Mariana Muaze

CHÃO EDITORA
EDITORA Marta Garcia
EDITOR-ADJUNTO Carlos A. Inada

CAPA E PROJETO GRÁFICO Mayumi Okuyama
DIAGRAMAÇÃO Jussara Fino
PRODUÇÃO GRÁFICA Lilia Góes
PREPARAÇÃO Carlos A. Inada
REVISÃO Cláudia Cantarin e Isabel Cury
PESQUISA ICONOGRÁFICA Mariana Muaze e Ana Laura Souza
MAPAS Sônia Vaz
TRATAMENTO DE IMAGENS Wagner Fernandes

DADOS INTERNACIONAIS DE CATALOGAÇÃO NA PUBLICAÇÃO (CIP)
(CÂMARA BRASILEIRA DO LIVRO, SP, BRASIL)

O 15 de Novembro e a queda da Monarquia : relatos da princesa Isabel, da baronesa e do barão de Muritiba / Keila Grinberg e Mariana Muaze (org.). — São Paulo : Chão Editora, 2019.

Bibliografia
ISBN 978-65-80341-03-0

1. Brasil - História - Proclamação da República, 1889 2. Famílias reais - Brasil 3. História do Brasil 4. Isabel, Princesa do Brasil, 1846-1921 5. Monarquia - Brasil - História 6. Muritiba, Manuel Vieira Tosta Filho, Segundo barão de, 1839-1922 7. Muritiba, Maria José Velho de Avelar, Baronesa de, 1851-1932 I. Grinberg, Keila. II. Muaze, Mariana.

19-30425 CDD-981.05

Índices para catálogo sistemático
1. Monarquia : Brasil : História 981.05
Iolanda Rodrigues Biode - Bibliotecária - CRB-8/10014

Grafia atualizada segundo as regras do Acordo Ortográfico da Língua Portuguesa (1990), em vigor no Brasil desde 1.º de janeiro de 2009.

chão editora ltda.

Avenida Vieira de Carvalho, 40 — cj. 2
CEP 01210-010 — São Paulo — SP
Tel +55 11 3032-3726
editora@chaoeditora.com.br | www.chaoeditora.com.br

Sumário

Apresentação

15 de novembro de 1889, proclamação da República brasileira, foi um dia para ninguém esquecer. Manuel e Maria José Vieira Tosta, barão e baronesa de Muritiba, amigos íntimos da princesa Isabel, estavam com ela no Palácio Isabel quando a Monarquia foi deposta e a República instaurada no Brasil. O casal embarcou para o exílio com a família imperial.

Os três escreveram narrativas sobre a queda da Monarquia, a proclamação da República e o exílio da família imperial. Elas compõem os três relatos deste livro, e estão sendo publicadas pela primeira vez em conjunto. Isabel começou a escrever sua versão no dia 22 de novembro de 1889, ainda no calor dos acontecimentos, a bordo do navio que os levava para Portugal. "Escrevo tudo isto porque é raro relatar-se exatamente o que houve", acreditava. Talvez encorajada pela amiga, a baronesa também elaborou, durante a viagem para a Europa, sua própria exposição dos fatos que vivenciou. O barão, por sua vez, escreveu seu relato em 1913, quando os três viviam em Cannes.

Os documentos foram encontrados por acaso no acervo dos Vieira Tosta, doado pela família ao Arquivo Nacional na década de 1960. Mariana Muaze procurava apenas checar uma informação quando encontrou os três textos misturados a cartas, bilhetes, fascículos de revistas avulsas, livros, folhetos de orações fúnebres, diplomas, convites de casamento e certidões.

Da Coleção Vieira Tosta consta ainda um grande caderno de capa dura com colagens de vários jornais monarquistas e republicanos de diferentes locais do país. Esses recortes certamente foram enviados do Brasil ao casal Muritiba, uma vez que os dois então se encontravam no exílio. A organização das notícias também demonstra a preocupação com a posteridade: ambos corrigiram as notícias que julgaram incorretas ou imprecisas, alterando horários, nomes e lugares a lápis nas margens dos jornais.

Essas memórias foram transcritas da forma como encontramos os manuscritos. Indicamos em nota os trechos em que os autores fizeram rasuras ou anotações. Para facilitar a leitura, adaptamos o texto às regras ortográficas e gramaticais atuais. Optamos por ordenar os relatos de acordo com os acontecimentos que descrevem: assim, começamos com o da baronesa, que inicia o seu com as lembranças do dia 14 de novembro. Em seguida, o relato da princesa Isabel e, por fim, o do barão de Muritiba. Como os textos mencionam as muitas pessoas envolvidas nos acontecimentos, incluímos um apêndice explicativo ao final do livro para evitar a profusão de notas.

Existem no fundo da família Vieira Tosta do Arquivo Nacional duas versões praticamente idênticas das notas da princesa Isabel, com pequenas diferenças entre elas. Trata-se de duas cópias feitas na íntegra pela baronesa de Muritiba, sem evidências da data em que foram reproduzidas. Aqui publicamos uma delas, acrescida dos comentários escritos pela baronesa às margens do documento. Essa versão é bastante semelhante à do manuscrito "Memória para meus filhos", escrito pela princesa Isabel, que faz parte do acervo do Arquivo do Museu Imperial.[1] O relato da própria baronesa sobre o exílio foi ditado por ela, provavalmente ainda durante a viagem, e o do barão foi redigido de próprio punho, conforme registro anexado ao documento. Os relatos da baronesa e do barão de Muritiba estão sendo publicados pela primeira vez.

Keila Grinberg e Mariana Muaze

~~15 de Novembro~~

P. 15 de Nov. 991 ~~Ainda é hoje~~ perdura sempre indelevel em minha mente
a imagem d'esse dia memoravel
em que, no meio da estupefação geral, baquearam as Instituições mais que seculares
ás quaes o Brasil devera longos annos de paz interna, de
prosperidade continua e incon-
testavel progresso, abrilhantado
pelo prestigio que suas armas
lhe haviam conquistado entre as nações da America latina em mais de uma
campanha gloriosa
Diante da rapidez com que
se operou a mutação da
scena parecia-me achar-me
sob a impressão de um sonho
ou antes de horrivel pesadelo.
Echoavam ainda em meus ouvidos as acclamações com que,
havia pouco mais de um anno, fôra
recebido o Imperador, o redivivo, pelo povo, que em alas
se estendia desde o porto até
a longinqua residencia de São
Christovão; e ainda em
epoca muito mais recente o
enthusiasmo com que fôra
acclamado, poucos dias depois
do attentado de Adriano do
Valle... Em epoca um pouco
mais afastada as manifes

Primeira página do relato do barão de Muritiba, junho de 1913

O 15 de Novembro segundo a baronesa de Muritiba

CÓPIA DAS NOTAS DA BARONESA DE MURITIBA POR ELA DITADAS[1]

Quinta-feira, 14 de novembro de 1889

Começo pela véspera do infeliz dia 15 para que se veja bem em que tranquilidade de espírito se estava enquanto se preparavam tão terríveis e desgraçados acontecimentos. Quinta-feira de manhã, fui, pois, com Eugeninha, ao Seminário de São José procurar o bom monsenhor Francisco Paiva para nos confessar e comungarmos em ação de graças pela fácil cura de uma dentada de cão que eu havia levado tempos atrás, justo um ano antes. Depois do almoço, fui estudar o meu trio que devia tocar na *soirée* que Suas Altezas deviam oferecer à oficialidade do navio chileno *Cochrane*.

Às três horas, fomos ao Palácio Isabel assistir ao ensaio do Hino Chileno, que a banda de música de S. Cristóvão devia tocar na dita *soirée*.

Às cinco horas, de volta ao Palácio Isabel, fui à casa das Penhas, onde o bom visconde[2] ainda combinou muitas coisas e detalhes a fim de que a festa da princesa tivesse a maior ordem e brilhantismo. A noite, passamo-la tranquilamente em casa, mal pensando no terrível dia seguinte. É incrível que não tivéssemos tido, uns com outros, o menor aviso!

Sexta-feira, 15 de novembro

Às oito horas fui, como de costume, ao banho de mar com as Penhas. Nenhum movimento notamos em nosso trânsito, nem mesmo às nove horas, quando regressamos. Nessa mesma manhã, o príncipe fez seu passeio a cavalo com os principezinhos[3] para o lado de Botafogo sem notar coisa alguma de anormal. Às dez menos um quarto, quando almoçávamos, chegaram o general visconde da Penha, que, avisado pelo almirante barão de Ivinhema, com ele vinha dizer-nos haver uma revolta de dois batalhões, que os alunos da Escola Militar estavam em armas e que assim seguiam imediatamente a avisar a princesa e o príncipe.

Interrompendo logo o almoço partimos também para o Palácio Isabel, Tosta,[4] Eugeninha e eu. Aí encontramos a princesa sem querer acreditar no aviso que lhe trazia, também, como não seria assim, com coisa tão repentina e tida em tão grande sigilo.

Pouco depois foram chegando ao Palácio Isabel o coronel Lassance, o comendador Pandiá e senhora, o barão do Catete e Carlos de Araújo, dr. Rebouças, o conselheiro Marinho, major Duarte, Araújo Góis, Ismael Galvão e Miguel Lisboa, que traziam notícias alarmantes. Diziam que o general Deodoro, à frente de dois batalhões, cercara o Ministério na Secretaria da Guerra, no Campo da Aclamação, exigindo a sua demissão. O ministro não pôde resistir porque o ajudante — general Floriano Peixoto —, comandando as tropas consideradas fiéis, recusou-se à resistência e passou-se com os seus comandados para os revoltosos.

Nenhum de nós podia acreditar na gravidade da situação, mas o príncipe conde d'Eu, vendo mais claro que nós, exclamou: Ponhamos os meninos a bom recato enviando-os para Petrópolis com o barão de Ramiz (preceptor dos príncipes), assim evitaremos tê-los em balbúrdias. A Monarquia[5] está perdida, disse ele quando soube pelo Miguel Lisboa que o Benjamin e Quintino estavam ao lado de Deodoro.

Partem, pois, os três príncipes com o barão de Ramiz, que lembra ao príncipe levá-los primeiro ao navio *Riachuelo*, cujo comandante Alexandrino de Alencar é fiel, assegurava ele, e aí esperarem pela partida da barca de Petrópolis às quatro horas, na qual seguem efetivamente. E dizer-se que foi esse mesmo oficial que, três dias depois, vigiava, escoltava a família imperial embarcada no *Alagoas* para impedir o desembarque em algum porto brasileiro. Primeira e bem triste separação!

A princesa então só pensa em avisar seus pais do que ocorre, receosa de que nada soubessem, como havia acontecido a ela. Liga então o telefone para o Arsenal de Guerra, onde não consegue informação alguma, dizendo-se de lá nada saberem. Liga-se o telefone para o Arsenal de Marinha a saber se há ordens para a galeota ir buscar o imperador e pedir informações do que havia. Esse Arsenal, como o primeiro, declarou nada saber.

Nesse ínterim chega o Miguel Lisboa que voltava do Campo da Aclamação, onde fora tomar informações, e confirma todas as terríveis notícias da revolta e até ferimento grave do ministro da Marinha, barão de Ladário.

À vista disso, a princesa, que continua sem notícias oficiais e ignorando se o imperador já está prevenido, resolve partir para Petrópolis a pô-lo ao fato de tudo o que sabe particularmente. Mas, nesse momento, chega um telegrama do conde de Mota Maia dizendo que o imperador descia pelo trem do Norte e, então, a princesa resolve ir ao encontro dele em São Francisco Xavier!

Esqueceu-me dizer que antes disso a princesa, não conseguindo informações dos Arsenais e ávida por notícias mais positivas, aceitou o alvitre de Tosta, que se propôs ir buscar o senador Dantas, visto ser o político que morava mais próximo. Trouxe com efeito o Dantas, que declarou não haver nada de grave a recear-se e acrescentou: Vossa Alteza tem um trono no coração dos brasileiros. Coitado, pode ser que estivesse convencido de que tudo se acabaria bem. Que engano!

Resolvida pois a partida para São Francisco Xavier, a princesa pede ao prestimoso e fiel Pandiá Calógeras que a vá esperar no cais Lajoux em São Cristóvão com dois carros de aluguel, nos quais devíamos seguir para São Francisco Xavier. Esta determinação foi tomada porque, para maior segurança do trajeto, o barão do Catete havia proposto que se tomasse uma lancha a vapor em Botafogo a fim de não atravessar as ruas da cidade.

Pelo meio-dia e meia pois deixaram os príncipes o seu querido Palácio Isabel. A princesa, o príncipe e nós dois tomamos o carro do barão do Catete, que, em companhia do conselheiro Marinho, seguiram em outro carro até a lancha mandada postar pelo barão do Catete não longe do morro da Viúva. Como estava linda a pitoresca baiazinha, tão alegre e calma contrastando com as torpezas que se urdiam. Saudoso e melancólico foi esse embarque: na lancha só nós dois acompanhamos os príncipes, que deitou seu rumo para o cais Lajoux. Passando porém em frente da Casa da Misericórdia, o príncipe avistou um carro de seis cavalos e supôs que fosse o imperador, apesar de não dever ser esse o seu caminho. É que o Mota Maia, pensando que devia evitar a passagem do imperador pelo Campo da Aclamação, havia aconselhado[6] dar essa volta pela rua do Riachuelo e praia de Santa Luzia para ir ao Paço da Cidade. Foi nessa ocasião que o Pandiá e Titinha encontraram o imperador na rua do Riachuelo e que o imperador disse: "Avisem a princesa que eu vou para o Paço da Cidade. Lá é o meu lugar". Mais tarde se disse que havia sido grande erro não passar pelo Campo da Aclamação! Nem sempre se acerta mesmo com as melhores intenções!

Julgando pois o príncipe que fosse o imperador, ordenou que atracássemos no cais Pharoux para Tosta ir saber no Paço da Cidade se o imperador ali chegara. Ficamos pois esperando na lancha quando Tosta voltou dizendo que Suas Majestades Imperiais acabavam de chegar. Os príncipes desembarcaram e atravessaram a praça no próprio carro do imperador, sempre acompanhados por nós dois. O largo do Paço estava tão tranquilo como nos dias ordinários.

Era mais ou menos uma hora e meia, e os príncipes, ao entrarem no Paço, receberam da guarda comandada pelo alferes Pereira Pinto, filho do barão de Ivinhema, as continências de estilo.

Pouco depois, chegaram ao Paço da Cidade o visconde da Penha e Eugeninha, doutor Caetano da Fonseca Costa, o visconde do Taunay, o conselheiro Silva Costa, Olegário Sousa Ferreira, almirante Tamandaré e general Miranda Reis, visconde Nogueira da Gama e José Calmon.

Pelas três horas, o imperador envia o Miranda Reis chamar o visconde de Ouro Preto, que vem falar-lhe, e indica o nome do Silveira Martins para organizador do novo Gabinete. Dizem que só depois de sabida essa indicação foi que conseguiram do Deodoro a assinatura para a proclamação da República.

Chegaram também ao Paço da Cidade a baronesa de Suruí, conde e condessa de Carapebus, condessa de Baependi, d. Maria Cândida de Araújo Viana de Figueiredo e talvez outras pessoas de que não me recordo; pelas seis horas da tarde vieram também Amandinha e o Doria, e o Pandiá e senhora.

Pelas quatro horas apresentou-se diante do Paço um piquete de quarenta praças da Cavalaria comandado por um oficial que disse vir a mandado de Deodoro pôr-se às ordens de Sua Majestade. A essa mensagem, comunicada pelo conde de Aljezur, o imperador respondeu: "Não tenho nada com isto e não conheço no Deodoro qualidade para assim proceder" (próprias palavras de S. M.).[7]

Tudo indicava que o tempo urgia e, entretanto, o imperador não se capacitava dessa urgência, tanto que respondeu ao oficial chileno Banhem, comandante do *Cochrane*, que punha, em nome do seu governo, o navio à sua disposição. Disse: "Isto é fogo de palha, eu conheço meus patrícios" (próprias palavras do imperador). Nunca poderei esquecer a expressão de dolorosa surpresa que se pintou no semblante do comandante chileno ao ouvir as palavras do imperador.

Vendo a princesa que não conseguia que o imperador convocasse os conselheiros de Estado, obteve apenas dele autorização para enviar-lhes uma circular nos seguintes termos: "Sua Alteza imperial encarrega-me de pedir a Vossas Excelências que compareçam o mais breve possível no Paço da Cidade onde se acha S. M. o imperador".

De V. Ex.^{cia}

Criado atento e venerador

Barão de Muritiba

Veador de S. A. I.

Apenas porém se expediram estas circulares, foram aparecendo os conselheiros, que, ainda que tarde, sempre se resolviam a vir mesmo antes de as ter recebido. Às sete horas da noite estavam muitos presentes. O imperador conversou com alguns deles em particular e depois teve lugar a reunião do Conselho de Estado, ficando assentado que se chamasse o Saraiva para organizar o ministério.

Foi o Paranaguá incumbido de ir buscar o Saraiva em Santa Teresa. Das onze horas para meia-noite chegou o Saraiva, que molemente e sem convicção tomou[8] o alvitre de escrever ao Deodoro, sendo a carta levada pelo major de engenheiros Trompowski, genro do conselheiro Andrade Figueira e por ele apresentado para essa missão.

O imperador recolheu-se então aos seus aposentos. A princesa e o príncipe ficaram à espera da resposta que pediram a Trompowski viesse ele mesmo trazer ao Paço da Cidade. Às duas horas da madrugada mais ou menos, chegou o Trompowski dizendo que o Deodoro respondeu o seguinte: "Não aceito propostas nem cedo coisa alguma, os meus planos estão feitos e as pastas já distribuídas; amanhã mandarei alguém dar essa resposta ao sr. Saraiva". Esta arrogante resposta foi comunicada pelo Trompowski com ar bem diferente[9] do que tinha quando partiu a levar a carta. A princesa ouviu-a com muita dignidade e comunicou-a ao príncipe, que não a ouvia bem, e ambos se recolheram aos seus aposentos. Depois de bem abraçar a minha querida princesa fomos repousar, foi porém inútil, desde as três horas que me deitei até às cinco e meia que me levantei não pude adormecer, nem mesmo sossegar.

Assim terminou o triste dia 15 de novembro, início de uma tão grande catástrofe para o Brasil.

Sábado, 16 de novembro

Às três horas e meia da madrugada ouvimos ao longe alguns tiros e um "viva" isolado a S. M. o imperador. Mais tarde se disse que esses tiros tinham sido disparados por tropas de terra a fim de rechaçar os Imperiais Marinheiros que tentavam desembarcar para defender o imperador.

Às seis e meia da tarde fui para junto de minha princesa, a quem menos que nunca desejo deixar; fatigada e emocionada como estava, repousava ela ainda e o príncipe, que na sala ao pé lia nos diferentes jornais a proclamação da infeliz República, depois de mostrar-me as notícias, recolheu-se ao seu aposento. Às nove horas começam a vedar a entrada do Paço aos amigos da família imperial que para aí afluíam; nem mesmo conselheiros de Estado com suas famílias podiam penetrar. Diplomatas, senadores, pessoas da casa, ninguém, ninguém pôde penetrar mais. Ainda bem que Eugeninha, o visconde Pandiá e senhora chegaram bem cedo e assim ainda conseguiram entrar. Passaram eles no Paço da Cidade todo o dia de sábado, presenciando assim todos os acontecimentos desse angustioso e desgraçado dia. Sempre foi para eles uma consolação ali ter podido estar e assim afirmar a sua fidelidade.

Angustiosa foi toda a manhã, pois não havia mais dúvidas do triste desenlace de tudo.

Lentas passam-se as horas sem que apareça nenhuma decisão e as ordens para impedir a entrada das pessoas no Paço cada vez se tornam mais severas, se alguém insiste para entrar, ouve-se logo o grito: Às armas! Assim aconteceu ao próprio barão de Corumbá, que não conseguiu entrar.

Por fim proibiram a entrada até às pessoas do serviço doméstico, de modo que até às três horas pensamos que nem tivéssemos jantar.

Finalmente às três horas e meia, anuncia-se a célebre mensagem do Governo Provisório ao imperador, trazida pelo major Sólon e mais dois outros oficiais subalternos (foi esse mesmo Sólon quem na véspera tinha espalhado o boato falso da ordem de prisão do Deodoro).

Os três oficiais foram recebidos na chamada "Sala das Damas"; ao chegarem estavam tão atrapalhados que o Sólon nem acertava com o tratamento que devia dar ao imperador, dirigindo-se a ele por estas textuais palavras: "Venho de parte do Governo Provisório entregar respeitosamente a V.ª Ex.ª... V. Alteza... Vossa Majestade esta mensagem".

O imperador, com seu grande ar de dignidade e calma, tomou o papel e disse aos oficiais que se podiam retirar, que ia ver e responderia.

Depois de se terem retirado os oficiais o imperador nos disse: "Eu parto e parto já". Ah! Meu Deus, foi este um dos momentos mais dolorosos! A imperatriz e a princesa romperam em soluços que cortavam o coração de quantos as ouviam e sentiam como elas, abraçaram os amigos mais íntimos.

Presenciaram tudo isto os condes de Aljezur, Mota Maia, visconde da Penha, Eugeninha, Pandiá e senhora, condes de Carapebus, padre Cruz Saldanha, barões de Loreto, almirante Tamandaré, Maria Eufrásia, coronel Lassance, Miguel Lisboa, visconde de Nogueira da Gama, visconde de Garcez, José Calmon e família, barão d'Ivinhema, Esposel e senhora, engenheiro Thomaz Bessi, coronel Amarante, Joaquim Alex Ferreira da Gama, Silva Costa, José Carapebus, Tosta e eu.

A imperatriz e a princesa, entre lágrimas, diziam: "*Como haveremos de assim deixar meus amigos e meu país que tanto amo, que gente cruel, meu Deus!*". O imperador, com voz repassada de dolorosa emoção, exclamou: "*Os ingratos são maus primeiro para eles próprios*". Em todos esses transes, o velho imperador parecia grandioso e imponente pela maneira por que soube dominar a saudade e emoção profunda de que se achava possuído. A princesa abraçou-me e a Eugeninha com amarga e angustiosa emoção, e como não seria assim, ao ver-nos arrancar a felicidade, pois felicidade completa jamais poderemos ter. Seja feita a vontade de Deus!

Tosta, vendo que tudo se encaminhava para a próxima partida da família imperial, veio espontaneamente dizer-me que devíamos ir oferecer-nos à princesa para partir com ela, o que fiz imediatamente, pois esse era o desejo ardente do meu coração. A princesa, cheia de consolação e amizade, acolheu o nosso oferecimento, que imediatamente comunicou ao príncipe, ficando logo assentado que partiríamos juntos.

Dou graças a Deus que meu marido possa assim dar uma prova da nossa dedicação e protesto contra tudo quanto se fez. Mostrando a princesa desejo de trazer Eugeninha, o visconde respondeu que não só ela, mas também toda a família estaria na Europa para acompanhá-la antes dos seis meses, promessa que cumpriu à risca.

Passados os primeiros instantes de aflição, a família imperial reuniu-se em torno da grande mesa do Conselho de Estado, formando vários grupos: o imperador combinando com o barão de Loreto a resposta que devia dar[10] à mensagem do Governo Provisório; a princesa, por entre lágrimas, escrevendo sua despedida à pátria; e o príncipe ditando ao Lassance e ao capitão-tenente Miguel Lisboa cartas de despedida para as associações de que era presidente. Finalmente, fizeram-se as procurações do imperador e da imperatriz para o mordomo (visconde de Nogueira da Gama) e para o filho, dr. José Calmon Nogueira da Gama, e as da princesa e do príncipe para o seu mordomo, coronel Guilherme Carlos Lassance.

O imperador, logo que teve escrita a sua resposta, mandou vir o Sólon e seus dois companheiros e lhes a entregou, conservando sempre o seu ar verdadeiramente imponente e calmo, ao passo que os oficiais estavam corridos e perturbados. Tudo isso se passou diante de nós e das pessoas citadas como presentes no Paço da Cidade; eram mais ou menos quatro horas e meia da tarde. Pelas cinco horas, Sua Alteza desejou ir ao Palácio Isabel recolher seus papéis e lembranças, que tinha empenho em guardar como recordação dos tempos felizes que Deus lhe havia concedido tão completos! Na verdade a nossa boa princesa estava disto tão convencida que, poucos dias antes dos tristes acontecimentos, achando-se na galeota imperial para assistir a uma regata oferecida aos oficiais chilenos, eu a ouvi exprimir-se assim: "*Não posso dizer que tenha saudades de tempo algum passado de minha vida, tem sido ela toda igualmente feliz*". Recordo-me, ainda, da impressão desse dito no conde Mota Maia e barão de Ladário, que, com razão, disseram haver poucas pessoas que assim pudessem pensar.

Até sete horas ficou a princesa à espera da autorização para ir ao Palácio Isabel e teve afinal como resposta poder ir, mas só acompanhada por numerosa guarda de cavalaria, ao que Sua Alteza respondeu preferir então desistir. À vista dessa imposição, Eugeninha e eu fomos com suas instruções ao Palácio Isabel arrecadar os objetos miúdos de estimação e papéis, pois os quadros de valor lá ficaram e foram fielmente guardados pelo coronel Lassance e pelo Fernando, antigo criado que ficou morando no Palácio.[11]

Das sete horas e meia às dez horas e meia da noite ocupamo-nos pois com Ludmila, velha criada da princesa, e outros fâmulos em reunir todos os objetos reclamados pela princesa e o príncipe, graças à ordem em que estavam, foi esse trabalho mais fácil do que pensávamos. Às dez horas e tanto vieram Titinha e o Pandiá buscar-nos, pois, enquanto fazíamos esses arranjos no Palácio Isabel, Tosta tinha ido à rua de Olinda ver o pai, dizer-lhe o que ocorreu, participar nossa resolução de partir com os príncipes e despedir-se. Chegados à nossa casa do largo do Machado, aí encontramos minha prima Mathilde

Machado, madame Yeats, marido e filhos, meu cunhado Chico, Luiza Teixeira, as Penhas (as Gêmeas), todos consternados com os acontecimentos que quase ignoravam completamente, exceto as gêmeas, que de tudo sabiam pelo digno pai, que não se arredava de junto do imperador. No meio de tanta emoção e já tão tarde, eu nem sabia como haver-me para escolher e separar aquilo de que carecia para tão inesperada e infeliz partida, pois tudo já estava em malas para seguir para Petrópolis como havia resolvido a princesa no Paço Isabel no dia 15, antes de saber que o imperador descia para o Rio.

Só depois de meia-noite pude ir arrumar alguma coisa e só pudemos tomar um pouco de repouso às duas horas da madrugada.[12] Meu pobre marido todo penalizado de deixar seu pai tão idoso. Impossível foi dormir. Eugeninha, apesar de muito chorosa, animava-me sempre dizendo que pelo menos sentia consolação de ver que a princesa não partia só e me teria a seu lado cumprindo esse leal dever de dedicação em momento tão triste. Pobre Eugeninha! Que coração de ouro! Deus a abençoe! Às cinco horas batem na nossa porta de uma maneira aflita e agitada; é um bilhete trazido por Lucy de parte do bom Pandiá, que assim nos escrevia: "Nous les avons embarqués à 2h. du matin — vous feriez bien de faire demander l'escaler du *Cochrane* à Villamil [ministro do Chile no Brasil] et de vous embarquer à Botafogo".[13] O Pandiá, Titinha, Marianinha e o bom visconde da Penha,

Tamandaré, Miranda Reis e José Calmon tinham tomado a peito ficar junto da família imperial a última noite por ela passada no Brasil, e assim os tristes detalhes que vou dar aqui me foram contados por estas testemunhas de vista. À uma hora e meia da madrugada o tenente-coronel Mallet e o brigadeiro José Simão tinham vindo acordar a família imperial para obrigá-la a embarcar, alegando que o Governo Provisório receava que, se o embarque se realizasse às três horas da tarde desse mesmo domingo 17, poderia haver graves distúrbios. Como o imperador relutasse apareceu então o barão de Jaceguai com novas e fortes instâncias e assim se exprimiu: "O Governo receia que haja derramamento de sangue, todos sabem quanto Vossa Majestade zela o sangue do seu povo, por isso seria conveniente embarcar já". O imperador exclamou: "*Ah! Então não é o povo que me manda embora, o povo me quer bem, isso é obra da alta indisciplina do Exército e da Armada e o senhor é bem responsável*". O Jaceguai replicou, confundido: "Eu! meu senhor?" — ao que retorquiu o imperador: "*Não digo agora, mas em outro tempo*". Afinal o imperador cedeu, declarando que só o fazia para evitar conflito inútil. Enquanto o Jaceguai falava ao imperador mais longe, o coronel Mallet dizia à princesa que o Governo Provisório se achava animado das melhores intenções e tanto assim que punha amplos recursos à disposição da família imperial, ao que a princesa, indignada, respondeu: "*Sr. Mallet, pois é quando nos vê com o coração partido de dor que vem falar-nos em dinheiro, conhecendo entretanto o nosso pensar em assunto semelhante*". Pouco depois teve lugar a cena tocante da despedida dos criados e mormente do velho Bernardo, que, ajoelhando-se choroso aos pés do imperador, beijava-lhe as mãos.

O imperador então tomou o braço da princesa e o sr. conde d'Eu ofereceu o seu à imperatriz, como era de estilo fazerem. O imperador, com seu grande ar de dignidade, pondo o chapéu na cabeça desceu as escadas do Paço da Cidade, que continuavam guardadas por muita tropa, sempre com o fito de isolar a família imperial de todos. Ao descer o imperador, a guarda apresentou armas. Chegando abaixo, conta ainda o sr. visconde de Penha, encontrou-se um carro de praça já postado à porta para transportar a família imperial até o cais. Nele entrou logo o d. Pedro Augusto em primeiro lugar, muito nervoso e assustado.

Em seguida entraram a imperatriz, o imperador, a princesa e o conde d'Eu. Contou-nos o Pandiá que, sendo o príncipe já a quinta pessoa a entrar no carro, havia proposto atravessar a praça a pé, ao que o Pandiá opôs-se formalmente.

Ao embarcarem-se, dirigiu-se a princesa ao Mallet: "Se os senhores tiverem alguma lealdade não deixem de declarar as palavras de meu pai, que disse só embarcar para evitar um conflito inútil".

Ao pôr o pé na lancha que devia levar a família imperial para bordo do *Parnaíba*, o imperador disse: "*Os senhores são uns doidos*". Só tomarem a lancha souberam que, em vez de irem para o *Alagoas*, era para o *Parnaíba* que seguiam. Em toda essa precipitação, via-se a pouca segurança em que se julgava o Governo Provisório e a mira de segregar a família imperial de qualquer elemento que pudesse vir em sua defesa. E tanto assim era que, pelas dez horas e meia da manhã, nem mesmo o *Parnaíba* se conservou no porto do Rio e teve ordem de seguir para a Ilha Grande. Felizmente, antes dessa partida chegaram de Petrópolis os três príncipes: d. Pedro, d. Luís e d. Antônio, que tinham sido chamados pela princesa e pelo príncipe. Vieram eles ainda acompanhados pelo seu preceptor, barão de Ramiz, que tão pouco generosamente e tão secamente aí se despediu de seus augustos discípulos. Vinham também com eles o dr. Rebouças e o sr. Weisersheimb. Quão diferente foi o procedimento do coronel Manuel Cursino do Amarante, bem preparado oficial do corpo de engenheiros e amigo do Benjamin Constant! Esse oficial, que coadjuvava o barão de Ramiz na educação dos príncipes, teve a mais correta e leal atitude, conseguindo mesmo embarcar-se no Arsenal de Marinha para seguir até a Ilha Grande e despedir-se da família imperial — tinham também vindo despedir-se da família imperial Maria Eufrásia, Sebastião de Carvalho e d. Domitila.

Domingo, 17 de novembro

Depois de recebermos o bilhete de Pandiá a que acima aludimos, fomos à missa das sete horas na Paróquia da Glória, junto da qual habitávamos. Logo depois chegou-nos o Miguel Lisboa, que, sempre bom e serviçal, ofereceu-se para ir entender-se com os tais sujeitos e assegurar-se que teríamos condução ao meio-dia no Arsenal de Marinha a fim de seguirmos no *Alagoas*. Pensava ele ser isso mais certo do que mesmo o embarque por meio do escaler do *Cochrane*, como nos aconselhara o bom Pandiá, que, como nós, estava descrente, à vista das surpresas de que fora vítima a família imperial a propósito do embarque. À vista dos seguranças do Miguel Lisboa, achamos que devíamos aceitar, partindo ele para arranjar tudo e prevenir a Amandinha e o Doria. Durante esse tempo, despedi às pressas os nossos pobres criados, fiz entrega das minhas joias à boa família Penha, da casa e dos móveis ao prestativo e bom Pandiá, que tudo nos facilitou. Que tristes despedidas! Abracei a boa viscondessa e filhas e partimos às onze horas para o Arsenal de Marinha, acompanhados por Eugeninha, Titinha e o Pandiá. No percurso notamos as casas fechadas e as ruas desertas e transitadas apenas por patrulhas a cavalo. No Arsenal de Marinha fizeram-nos subir para uma sala onde se achavam já reunidos todos os diplomatas com as senhoras, aos quais haviam prometido condução para irem a bordo despedirem-se do imperador. Todos se achavam surpresos e consternados, especialmente o Villamil, que até chorava. Justo ao meio-dia o diretor do Arsenal, Foster Vidal, apresentou-se anunciando secamente que só tinham permissão de embarcar as pessoas que deviam acompanhar a família imperial para a Europa. Apesar das reclamações dos diplomatas, assim se fez, abrindo-se apenas exceção para o coronel Amarante e senhora. Abracei pois os fiéis amigos Pena e Calógeras e seguimos com os Loreto para bordo do *Alagoas*. Qual foi nossa surpresa e cuidado lá chegando em não encontrar a família imperial; só nesse momento soubemos que tinham sido embarcados, não no *Alagoas* (que não estava pronto) mas sim no *Parnaíba*, que encontraríamos na Ilha Grande; vimos mais uma vez como tudo foi sempre feito com má-fé e em tal sigilo que nem os que tomavam parte nos acontecimentos eram informados com verdades! Igualmente iludidos apareceram no *Alagoas*, enquanto estávamos ainda fundeados, o conselheiro dr. Marinho de Azevedo, Lopo Diniz e filhos, Beaurepaire-Rohan, o Yeats, e o coronel Augusto Miranda Jordão, que vinham despedir-se da família imperial. Ainda me lembro que o Yeats, não encontrando a família imperial a bordo, indignado exclamou: "O Brasil não tem brasileiros!".

Pelas duas horas partimos para a Ilha Grande, aonde chegamos à noite, quando aí acabava de fundear também o *Parnaíba*.

A noite estava escura e o mar agitado, assim mesmo foi preciso trasladar a família imperial do *Parnaíba* para o *Alagoas.*

Difícil foi atracar o escaler que o trazia e mesmo perigoso para o imperador, imperatriz e principezinhos. A imperatriz, coitada, consternada e muito nervosa, muito sofreu. Penalizados e impressionados, assistiram a essa trasladação os barões de Loreto, coronel Amarante e senhora, e nós dois. Acompanhavam a família imperial os condes de Aljezur e Mota Maia, a viscondessa de Fonseca Costa e dr. Stoll, e dr. Rebouças, que descera de Petrópolis com os príncipes e acompanhou a família imperial até Lisboa. À meia-noite partiu da Ilha Grande o *Alagoas* com direção à Europa, passando defronte ao Rio de Janeiro no dia 18 às seis e meia da manhã. Daí em diante seguia-nos o *Riachuelo*, que mandou para bordo do *Alagoas* o tenente Antônio Rangel; este oficial, tendo adoecido, foi tratado pelo conde Mota Maia, médico do imperador. O comandante Pessoa, que comandava o *Alagoas*, parou, fez sinal ao *Riachuelo*, que mandou o tenente Magalhães Castro substituir o tenente Rangel. O *Riachuelo*, comandado pelo Alexandrino de Alencar, nem podia vigiar-nos, pois a sua marcha era de pouco mais da metade da do *Alagoas*, obrigando-nos muitas vezes a parar a fim de esperá-lo! Afinal o *Riachuelo* deixou-nos a 22 de novembro.

Cumpre lembrar aqui a tocante ideia do imperador, que, no dia 24, ao passarmos por Fernando de Noronha, enviou atado à asa de uma pombinha um papel com suas saudades ao

Brasil. Infelizmente, a grande distância de terra em que nos achávamos fez com que a pombinha não pudesse sustentar o voo e vimo-la afundar-se nas águas.

No dia 30 de madrugada, chegamos a São Vicente, Cabo Verde, de onde o imperador, que só tomara conhecimento durante a viagem do papel que lhe fora entregue a bordo do *Parnaíba*, escreveu a sua recusa dos 5 mil contos nos termos seguintes, por intermédio do seu mordomo visconde de Nogueira da Gama:

> Tendo tido conhecimento no momento da partida para [a] Europa do decreto pelo qual é concedida à família imperial de uma só vez a quantia de 5 mil contos, mando que declare que não receberei, bem como minha família, senão as dotações e mais vantagens a que temos direito pelas leis, tratados e compromissos existentes, e portanto, se tiver porventura recebido aquela quantia, deverá restituí-la sem perda de tempo. Recomendo outrossim que cingindo-se estritamente aos termos desta comunicação dirija o ofício que fará imediatamente copiar e do qual me remeterá cópia. Assinado: D. Pedro de Alcântara. Bordo do *Alagoas*, ao chegar a São Vicente das ilhas de Cabo Verde. 29 de novembro de 1889.

Em São Vicente, encontramos ancorado o paquete *Montevidéu*, de Hamburgo, que estava em quarentena; a bordo achava-se o visconde de Ouro Preto, que escreveu ao imperador e dele recebeu resposta autógrafa.

No dia 1.º, às cinco horas da tarde, partimos de São Vicente, tendo arvorado a verdadeira bandeira brasileira, saudada pela corveta portuguesa *Bartolomeu Dias* e paquete alemão *Ísis*.

É preciso dizer que, ao chegar até São Vicente, estava içada uma das muitas bandeiras inventadas pela República; o governador, porém, declarou que esta bandeira não estava reconhecida e portanto forçoso foi hastear a verdadeira, com a qual fomos até Lisboa.[14]

2 de dezembro, aniversário do imperador. Cada um dos da comitiva: condes de Aljezur, Mota Maia, barões de Loreto, dr. Rebouças e nós, dirigia a sua saudação ao imperador.

O 15 de Novembro segundo a princesa Isabel

NOTAS DA PRINCESA ISABEL, COPIADAS PELA BARONESA DE MURITIBA, SOBRE OS ACONTECIMENTOS DE NOVEMBRO DE 1889

Quando os primeiros dias de angústias são passados, o meu espírito e coração acabrunhados pela dor podem exprimir-se a não ser por lágrimas, deixai-me, filhinhos, que lhes conte como se deu a maior infelicidade de nossa vida!

Eram dez horas da manhã do dia 15 de novembro, quando à casa chegaram o visconde da Penha e o barão d'Ivinhema, declarando-nos que faziam parte do Exército insurgido, e na Lapa achava-se um batalhão ao qual se tinham reunido os estudantes da Escola Militar armados. Pouco depois, chegaram Tosta, Mariquinhas, Eugeninha. Algum tempo depois, foram chegando sucessivamente o Miguel Lisboa, Lassance, Ismael Marinho, Galvão, Pandiá Calógeras e senhora, major Duarte, barão do Catete, Carlos de Araújo, dr. Rebouças e Araújo Góis.

As notícias que chegavam eram tais que nos pareciam exageradas.

O Miguel Lisboa ofereceu-se então para ir ao próprio Campo da Aclamação saber do que havia. Daí voltou dizendo que o Ministério estava sitiado no quartel, e o Ladário, dado por morto.

Ligamos então o telefone com os Arsenais de Marinha e Guerra, que nos disseram de nada saberem.

Não quis sair logo do Paço Isabel, temi que, talvez não sendo as coisas como se dizia, não viessem mais tarde a acusar-nos de medo, do que, aliás, nunca dei provas. Pouco depois, vieram notícias de que tudo estava apaziguado, mas todo o Exército coligado ter imposto e alcançado a retirada do ministério. Gaston exclamou: "A Monarquia está acabada no Brasil!". Ainda iludida, eu julguei que tal exclamação era pessimismo. Também nos informaram que o Deodoro tinha a seu lado o Bocaiuva, o Benjamin Constant, e que declarava um Governo Provisório. O Rebouças vinha também da parte do Taunay com o plano de que papai se conservasse em Petrópolis, aí estabelecesse o governo, internando-se se fosse necessário.

Neste ínterim, ninguém sabia como comunicar-se com papai, temendo-se uma traição do telégrafo central no Campo, provavelmente em mão dos republicanos. Com efeito, pouco depois, o Capanema declarava que entregara o telégrafo a estes, por imposição. Os meninos, fizemo-los partir antes do recado do Capanema para bordo do *Riachuelo*, enquanto esperavam a partida da barca de Petrópolis, às quatro horas.

Era também esse o meio de informar do que havia, e pôr também os meninos fora do barulho.

Ao meio-dia, recebemos então um telegrama do Mota Maia dizendo que papai partira de Petrópolis e vinha pelo *caminho de ferro do Norte*. Resolvemo-nos a ir ter com ele em São Francisco Xavier, tomando uma lancha que nos arranjou o barão do Catete, e nela embarcamos com os Tostas na praia de Botafogo. Íamos em direção ao Caju quando, em caminho, Gaston avistou em frente à Misericórdia os carros de papai. Dirigimo-nos então para o cais Pharoux e ali soubemos que, com efeito, papai acabava de chegar ao Paço da Cidade. Com ele e mamãe, ali ficamos.

Pelas duas horas, apareceu um piquete de quarenta praças de Cavalaria que se veio pôr-se às ordens de papai, a mandado de Deodoro. Papai enviou o Miranda Reis chamar o Ouro Preto, que declarou de maneira alguma poder continuar no ministério, dando ainda como razão alguma deslealdade de parte dos colegas.

Por volta das seis horas chegaram Amandinha, o Doria, Pedro Augusto, a baronesa de Suruí e outras pessoas.

O Penha, Silva Costa, Miranda Reis e Olegário haviam passado o dia acompanhando o imperador. Estiveram também o conde e condessa de Carapebus, condessa de Baependi, dona Maria Cândida e outras pessoas de que não me lembro bem.

Eugeninha tinha vindo com o pai, e Pandiá e Titinha só chegaram mais tarde, porque estiveram, a meu pedido, esperando-nos com dois carros no cais Lajoux, e nem havíamos podido desavisá-los. À noite compareceram o Taunay, Soares Brandão e os conselheiros de Estado, à exceção do Sinimbu, Nunes Gonçalves e Olegário, que se retiraram antes da sessão.

Soube-se que o Ouro Preto havia indicado a papai o Silveira Martins para compor o ministério, mas este devia ainda chegar do Rio Grande e de mais era inimigo do Deodoro. Reunidos os conselheiros de Estado, deram como opinião a nomeação urgente para presidente do conselho de alguém que estivesse imediatamente à mão e não fosse inimigo figadal de Deodoro, e com ele se pudesse entender.

O imperador mandou chamar o Saraiva, que, tendo já vindo, se achava novamente em Santa Teresa.

O Paranaguá para lá partiu imediatamente e, não encontrando condução, subiu a pé até lá. Chega o Saraiva, aceita, e seguindo o alvitre de Andrade Figueira, manda um emissário (Trompowski, genro de Andrade Figueira) entender-se com o Deodoro para ver se o traz a bom caminho. Leva uma carta cujo conteúdo ignoro.

Às duas horas da manhã, Trompowski volta declarando que não havia mais meio de fazer coisa alguma e que o Deodoro declarou-lhes considerar-se irrevogavelmente presidente da República.

Chocou-me o modo de camaradaria que ele contou ter usado com os tais.[1]

No dia 16, ainda entravam e saíam pessoas do palácio, mas depois os guardas aumentam e não havia mais meio de reunirem-se grupos em roda do palácio; constantemente, ouviam-se corridas de cavalaria em torno para espalhar a gente. Às dez horas, já ninguém podia penetrar, nem mesmo senhoras. Vimos por vezes, ainda que pouco chegássemos à janela, alguns conhecidos, que de longe nos cumprimentavam.

Que horrível dia, meu Deus!

Vários alvitres foram levantados, ninguém sossegava. Às duas horas finalmente chegou a tal comissão do Governo Provisório, que era já anunciada desde a véspera, e trazia uma mensagem a papai exigindo sua retirada para fora do país. Compunha-se essa comissão do major Sólon e mais dois oficias subalternos. O major Sólon mostrava-se tão perturbado que, ao entregar o papel ao imperador, deu-lhe o tratamento de Vossa Excelência, Vossa Alteza e, finalmente, Vossa Majestade, e disse: "*Venho de parte do Governo Provisório entregar mui respeitosamente a Vossa Alteza esta mensagem*".

Pouco depois, acrescentou: "Não tem Vossa Majestade uma resposta a dar?". "Por ora não", respondeu papai. "Então posso me retirar?" "Sim", respondeu o imperador.

Só às pessoas que se achavam no Paço papai declarou que se retirava e que, se não fosse pelo país, para ele pessoalmente era uma despachação.

Papai sempre calmo e digno.

Dizer o que se passou em nosso coração, não é possível!

A ideia de deixar as amigas, o país, tanta coisa que amo, e que me lembra mil felicidades de que gozei, fez-me romper em soluços!!

Nem por um momento, porém, desejei uma menor felicidade para minha pátria; mas o golpe foi duro!

À noite fomos descansar; algumas pessoas tiveram licença de sair para os arranjos necessários.

O Lassance tinha de vir falar com Gaston e, depois de uma hora da noite, bateu à porta. Pensando que era só ele, e não imaginando dever partir tão cedo nem esperando por mais essa picardia, deitei-me de novo, quando Gaston voltou, dizendo-me de levantar-me, pois o Mallet e o Simão estavam ali, pedindo da parte do Governo Provisório que papai partisse antes do dia, o povo parecendo querer fazer alguma manifestação e os rapazes da Escola Militar já com metralhadora para atirarem sobre quem quisesse resistir.

Acordei então papai e mamãe e, com eles, Pedro Augusto, Josefina, Aljezur e Mota Maia. Embarcamo-nos dizendo-se que íamos para o *Alagoas*. Despediram-se de nós no Paço da

Cidade o Tamandaré, Penha, Marianinha Penha e o Pandiá e senhora e o Miranda Reis, José Calmon e senhora.

Papai quis saber do motivo que fazia precipitar sua partida, declarando que só consentia para evitar conflito inútil.

Ao embarcarmos, disse eu ao Mallet que, se eles tivessem alguma lealdade, não deixassem de declarar isto. O mesmo já dissera papai antes e tornou a repetir. E chegando já ao cais, depois de algumas palavras trocadas, disse: "Os senhores são uns doidos". Foi a única palavra um pouco dura, mas bem merecida, que papai lhes disse.

Ao pôr o pé na lancha foi que soubemos que, em vez do *Alagoas*, levavam-nos para o *Parnaíba*. Em tudo notamos receio e atrapalhação.

Os meninos, que na véspera mandáramos chamar de Petrópolis, chegaram, graças a Deus, com o dr. Ramiz Galvão, Mr Stoll e o Weisersheimb (ministro da Áustria) e o dr. Rebouças.

Com os outros diplomatas que estavam no Rio, foram de má-fé, pois no sábado já os tinham impedido de virem ver-nos no Paço da Cidade. E, no domingo, depois de os fazerem subir para o salão do Arsenal de Marinha, com promessa de irem a bordo despedir-se de nós, na hora de embarcarem os Tostas e os Dorias, foi-lhes declarado que não podiam mais ir porque não teriam condução para voltar de Ilha Grande. Entretanto o *Parnaíba* tinha levado ordem de voltar imediatamente da dita Ilha Grande!!

A bordo do *Parnaíba*, tinham vindo de manhã despedir-se: Maria Eufrásia, Sebastião Laje e Domitila, que já só nos pôde ver de longe. O *Alagoas*, onde embarcou a comitiva que se achava fora em arranjos meus e dela, partiu só à uma e meia.

Estiveram a bordo do *Alagoas*, ainda ancorado, algumas pessoas a despedir-se, entre elas os Carapebus, conselheiro Marinho, Yeats, Lopo Diniz e filho, Mamoré e Beaurepaire-Rohan.

Quanto ao *Parnaíba*, depois de muitos recados desencontrados, saiu conosco barra afora às dez e meia da manhã de domingo, 17, e dirigiu-se à Ilha Grande, onde então nos transportaram para o *Alagoas*. Às oito da noite, com efeito, apesar da escuridão que era muita, e do mar agitado que estava, passaram-nos para bordo do *Alagoas*, onde encontramos a nossa comitiva bem sobressaltada com a difícil trasladação a tais horas de um navio para outro, e na verdade perigo havia sobretudo para o papai, mamãe, as crianças.

À meia-noite partimos da Ilha Grande no *Alagoas* com direção à Europa, passamos de frente ao Rio de Janeiro no dia 18 às seis e meia da manhã! Nesse dia, o *Riachuelo* veio ter conosco, e até agora nos segue obrigando-nos muitas vezes a parar ou retardar nossa marcha, e fazendo um papel bastante ridículo: guardar quem eles dizem bem saber nada dever empreender agora, pois o resultado seria conflito e sangue.

O *Riachuelo* acha vir guardando-nos, entretanto, posta-se do lado do mar, deixando-nos assim livres de dirigirmo-nos para qualquer província sem que ele nos possa impedir; a sua marcha é só de pouco mais da do *Alagoas*. Levando o tempo a pedir-nos rumo!

Tudo isto foi escrito antes do *Riachuelo* largar-nos a 22 de novembro e copiado muito mais tarde em Cannes. O que segue foi também escrito em diferentes vezes e delas diversas.

(Acho mais no borrão a lápis uma nota que pode ser difícil intercalar no que precede, aqui mesmo copio.)

Papai não podendo comunicar-se com o ministério sitiado, mandei pedir ao Dantas que me dissesse o que pensava. Veio logo ter comigo e, sem encarregá-lo de missão alguma política, pois nada devia fazer por esse lado, pedi-lhe que visse o que poder-se-ia fazer. E, nesse sentido, saiu de minha casa.

Quando penso agora que ele me dizia então: "Vossa Alteza nada receie; peço que tenha toda a confiança em mim, eu não quero República, eu não admito República".

De bordo do *Riachuelo*, tinha vindo para o *Alagoas* o tenente Antônio Rangel, que, tendo adoecido dias depois, foi substituído pelo tenente Magalhães Castro. Ambos vêm conosco até Lisboa.

No dia 30 de madrugada, chegamos a São Vicente de Cabo Verde e no dia 1.º partimos com a nossa bandeira arvorada![2]

Saúdes boas até o dia 1.º; nesse dia mamãe sentiu-se resfriada.

No dia 2 ao jantar, bebeu-se à saúde de papai, que respondeu brindando à prosperidade do Brasil. Todos cordialmente tomaram parte em nosso regozijo, e o comandante e a gente a bordo mostraram-se especialmente dispostos a nos testemunhar sua simpatia por todos os modos possíveis. O tenente Magalhães Castro conservou-se de farda todo o dia e veio cumprimentar-nos pelo aniversário. Todos da comitiva e nós escrevemos pensamentos que, assinados, viemos entregar a papai.

Foi grande minha emoção quando nessa manhã vim abraçar papai! Já no dia 1.º em São Vicente meu coração sobressaltara-se ao ver hasteada a nossa bandeira, ainda não hasteada nesse vapor desde a partida. Não pude deixar de bater palmas e tive um momento de grande júbilo. Parecia-me a esperança! Lembrei-me de tantos momentos de verdadeira felicidade!

Desde esse dia, Pedro Augusto voltou a seu estado natural. Desde o *Parnaíba* que se mostrara sempre receoso de tudo e de todos os que não eram da comitiva, vendo ciladas, assassinatos, e veneno por toda parte. Tivemos sérios receios por seu juízo.

4 de dezembro de 1889

Avistamos também Tenerife; primeiro o pico sobre as nuvens e a parte baixa da ilha por baixo delas, e depois a ilha de mais perto, mas já o pico nas nuvens. Mar inteiramente manso, quando na véspera não pudera levantar-me.

5 de dezembro de 1889

Para maior clareza e evitar dúvidas futuras, direi que, no Rio, no *Parnaíba*, com pessoas que acompanharam a família imperial, vieram: Josefina, Aljezur, Mota Maia, Manuel Augusto Mota Maia, e o Rebouças, e mais duas criadas de mamãe e dois criados dos meninos.

O Amarante e o filho vieram despedir-se de nós na Ilha Grande, tendo ido com os Tostas no *Alagoas* e voltado no *Parnaíba*.

Os Tostas tinham ido a minha casa e à deles na noite de 16 para arranjos meus e deles e despedir-se da família e dos amigos. Os Dorias tinham ido também para seus arranjos e despedidas. E minhas duas criadas vieram com os Tostas acompanhando minhas malas de que eu havia encarregado.

Cannes, 30 de maio de 1890

Minhas conversas a bordo do *Parnaíba* com um oficialzinho e ainda fundeados no Porto:

— Vossa Alteza compreende que esta transformação era necessária.

Princesa: — Pensava que se daria, mas por outro modo, a nação iria elegendo cada vez maior número de deputados republicanos, e estes, tendo a maioria, nos retiraríamos.

Oficial: — Assim nunca podia ser feita, porque o poder é o poder.

Princesa: — Quanto a ser a vontade da nação, não. Estou convencida de que, se cada um votasse livremente, a maioria por meu pai seria incontestável. Agora, tudo foi feito pelo Exército e Armada, e por conseguinte pela força. Pode-se mesmo dizer tudo foi feito por alguns oficiais.

Oficial: — Mas ver-se-á isto por meio da Constituinte proximamente.

Princesa: — Não disse o senhor que o poder é o poder?

O rapazinho falava, aliás, respeitosamente, parecia bem-intencionado e comovido de nossa dor.

Com o comandante do *Parnaíba*, Palmeiras:

Falava-se das questões militares, veio a falar-se de suas diferentes fases; do momento em que se quis obrigar o Exército a ir pegar os pretos fugidos, em São Paulo. Disse ele, Palmeira, em resumo isto: o Exército deve obedecer, mas também quem manda deve igualmente lembrar-se que manda a pessoas a quem deve certas considerações. Falando-se dos acontecimentos que deram lugar à crise, e das acusações que se nos faziam de intervenção, dissemos que nunca nos metíamos nos negócios de Estado, e que até ignorávamos completamente que tivessem embarcado ou devessem embarcar corpos do Exército.

Escrevo tudo isto porque é raro relatar-se exatamente o que se ouve.

—

Soube em viagem que embarcara um batalhão, no dia seguinte ao baile da Ilha Fiscal, o que deu ocasião a que se dissesse que: enquanto uns se divertiam, gemiam as famílias dos infelizes soldados. Soube também que muito poucas pessoas do Exército e da Marinha foram convidadas para o baile, que o Cândido Oliveira mostrara-se áspero em certas ordens como ministro da Guerra. Que o chefe de polícia Basson, em conferência de ministros que precedeu o baile, dissera que os militares preparavam uma grande reunião para essa noite.

Na conferência seguinte, os colegas, perguntando o que havia, o Cândido de Oliveira respondeu não ter havido nada de importante.

Na noite de 14 de novembro às nove horas, foram (creio que o próprio Basson) avisar o Ouro Preto de que o regimento tal se rebelara. O Ouro Preto começou por não dar grande importância a tal informação, tanto que só à uma hora da madrugada, depois de outras informações, é que fora para a Secretaria da Justiça.

A senhora do Rio Apa no dia 14 à noite fora à casa de Amandinha; o Doria voltara de Petrópolis muito indifluxado, e se achava em cima.

Amandinha recebeu a senhora embaixo. Esta lhe disse que as coisas não pareciam boas, e que o marido devia vir também à casa dela. Chegado este, só falou com Amandinha em meias palavras, e foram-se.

Mais tarde, o Doria reprochando ao Rio Apa não tê-lo avisado, este respondeu que pensava que, como ministro, deveria estar ao fato de tudo. O Rio Apa, no dia 15, tendo-se a sua brigada se bandeado, pareceu ir colocar-se ao lado dos ministros, foi demitido pelos revoltosos, e logo depois fez a célebre ordem do dia em que declarou o dia 15 de novembro o mais glorioso! Expliquem tudo isto!

O 15 de Novembro segundo o barão de Muritiba

APONTAMENTOS DO BARÃO DE MURITIBA PARA A HISTÓRIA DO 15 DE NOVEMBRO

15 de novembro de 1891

Permanece e há de perdurar sempre indelével, em minha mente, a imagem desse dia memorável em que, no meio da estupefação geral, baquearam as instituições mais que semisseculares às quais o Brasil devera longos anos de paz interna, de prosperidade contínua e incontestável progresso, abrilhantados pelo prestígio que suas armas lhe haviam conquistado entre as nações da América Latina em mais de uma campanha gloriosa.

Diante da rapidez com que se operou a mutação do cenário, parecia-me achar-me sob a impressão de um sonho, ou antes, de horrível pesadelo. Ecoavam ainda em meus ouvidos as aclamações com que, havia pouco mais de um ano, fora recebido o imperador, redivivo pelo povo, que em alas se estendia desde o porto até a longínqua residência de São Cristóvão;

e ainda, em época muito mais recente, o entusiasmo com que fora aclamado, porém dias depois do atentado de Adriano Augusto do Valle. Em época um pouco mais afastada, as manifestações entusiásticas que acompanharam a abolição da escravidão, o desfilar das tropas ao mando do marechal Deodoro que as passaram em frente da Princesa Redentora lhe atiravam aos pés ramalhetes de flores; as palavras de José do Patrocínio, cuja alma se ajoelhava diante dela eternamente agradecida; o discurso do major Serzedelo vibrante de gratidão; seus protestos de dedicação, ouvidos por memoríssima assistência no Teatro Lírico...

E agora!...

Uma vasta conspiração militar se organizou com ramificações nas províncias, tramada por oficiais mais ocupados de política do que compenetrados do seu dever, e insuflada por um pequeno grupo de ideólogos, cuja aspiração era a formação da República, por eles considerada a forma única de governo compatível com a dignidade humana e só ela admissível [original rasgado] coragem aos conspiradores, cujas reuniões a polícia não ignorava. Sei de boa fonte que o Governo fora posto ao corrente do que se trama e o próprio presidente do Conselho de então, o visconde de Ouro Preto, o declara em seu manifesto bem conhecido — o advento da ditadura militar; mas, como também o declara fiado nas seguranças que lhe dava o ajudante-general marechal Floriano Peixoto, homem de sua confiança, e até mesmo ministro da Guerra *in petto*, esperava poder dominar a situação e, com o apoio da tropa fiel, debelar qualquer movimento sedicioso. Não contava, porém, nem, a dizer a verdade, era dado contar com a defecção de certos oficiais de alta patente, nem com o espírito de camaradagem, nem com outros fatores a que não quero dar o epíteto conveniente.

Poucos dias antes da grande explosão, a 9 de novembro, por ocasião do faustoso baile da Ilha Fiscal, quando o visconde de Ouro Preto [ilegível] americano. Explorando o descontentamento que no Exército lavrava a propósito de certas medidas, quiçá imprudentes, tomadas pelo Governo, não lhe foi difícil preponderar no ânimo do marechal Deodoro — militar valoroso, é certo, mas também trêfego e vaidoso — e induzi-lo a desapontar os brios de seus camaradas derrubando o Ministério e, se preciso fora, a própria Monarquia, que tomavam de inimigos da classe militar.

O espírito de indisciplina, que, aliás, desde muito fermentava nas classes armadas, principalmente no Exército, já explodira por vezes e ainda ultimamente se manifestara em um discurso, que causara grande escândalo, proferido pelo tenente-coronel Benjamin Constant Botelho de Magalhães em presença do próprio ministro da Guerra e dos oficiais do couraçado chileno *Cochrane*, atônitos de tanta audácia. Esse ato de indisciplina ficou, porém, impune e provavelmente, desenhando a taça, brindava em brilhante discurso à nação amiga, ali representada pelo comandante e oficiais do *Cochrane*, quando acompanhando a saudação erguiam-se estrepitosos vivas com os que os trajavam e troava a artilharia; conta-se que um oficial general da Armada, o vice-almirante Wandenkolk, portado a pouca distância, dizia em tom zombeteiro ouvido pelos circunstantes: "Rira bien qui rira le dernier" [Rirá melhor quem rir por último]. Isto me foi referido pelo visconde de Taunay, que ali perto estava. Em uma das tardes mais próximas, um amigo, que estava até certo ponto ao fato do que se planejava, procurou-me na casa em que eu então residia à praça Duque de Caxias para prevenir-me e por meu intermédio avisar a princesa imperial da iminência da [ilegível]. Não me tendo encontrado, julgou, segundo me disse mais tarde ao referir-me o fato, que eu já tivesse sido informado e por isso não tornou a procurar-me. Foi pena!

O certo é que, por minha parte, entregue de todo ao desempenho dos meus deveres de magistrado, eu estive longe de pensar que tão importantes acontecimentos se preparavam. Não sabia mesmo que as minhas relações com a família imperial haviam provocado a malquerença a certos energúmenos, levada ao ponto de quererem com o meu sangue inocente "regar a árvore da liberdade". Com efeito, o mesmo amigo de quem acabo de falar contou-me que, meses antes, ao entrar eu em uma casa onde se fazia um leilão importante, um rapaz da Escola Militar dissera a um colega apontando para mim:

"Aquela é uma das primeiras cabeças que hão de cair quando se proclamar a República"!

De que humanitários sentimentos era animado esse discípulo de Comte que, como os positivistas militares brasileiros, tanto aberrava dos processos aconselhados pelo seu festejado mestre e evangelista!

No dia 15 de novembro de 1889, pela volta das nove horas, almoçava eu para ir em seguida à Conferência da Relação de que era membro, quando, a uma das portas da sala de jantar que dava sobre um terraço lateral, surgiram, com ar misterioso, o general visconde da Penha e o almirante barão de Ivinhema, acenando-me para ir ter com eles. Assim o fiz e contaram-me que, naquela manhã mesmo, se tinha sublevado uma parte das tropas da guarnição comandada pelo marechal Deodoro; que outro tanto haviam feito os alunos da Escola Militar; que o ministro da Marinha, barão de Ladário, tinha sido gravemente ferido e que o movimento militar estava triunfante. Combinamos que iriam comunicar imediatamente essas ocorrências à princesa imperial, que, provavelmente, as ignorava, ocupada como estava com os preparativos de um sarau que pretendia dar na noite de 16 à oficialidade do *Cochrane*. Partiram. Minha mulher e eu os seguimos, logo após indo conosco d. Eugênia, filha do visconde da Penha. Soubemos, ao chegar, que a princesa tudo ignorava efetivamente, bem como o conde d'Eu, seu esposo, que ainda essa manhã passeava a cavalo com os filhos e encontrava na tranquilidade habitual o bairro que tinham percorrido.

Ficamos no Paço Isabel aguardando o seguimento dos sucessos e ali foram pouco a pouco aparecendo várias pessoas, entre as quais o então coronel Guilherme Lassance, excelentíssimo Pandiá Calógeras e senhora, o major Duarte, o barão do Catete, seu irmão, o comendador Carlos de Araújo, o dr. André Rebouças, o comendador Marinho de Azevedo, dr. Galvão, o dr. Francisco Marques de Araújo Góis e o capitão de fragata Miguel Ribeiro Lisboa.

Este prestimoso e dedicado amigo ofereceu-se para ir tomar informações mais completas sobre os acontecimentos e, ao voltar, confirmou o que em sua ausência se fora sabendo — que tudo estava apaziguado, mas que o Exército estava todo coligado, tendo sido o ministério derrubado, e que ao lado de Deodoro tinham desfilado com as tropas Quintino Bocaiuva e Benjamin Constant. Entretanto, buscando informar-se por outros meios, tinha a princesa telefonado sucessivamente para os arsenais de Guerra e Marinha perguntando o que havia, sendo-lhe dada a singular e significativa resposta: — que nada se sabia!

O príncipe conde d'Eu quis pôr-se em campo e chegou mesmo a fardar-se, pensando talvez que a sua presença e a lembrança dos serviços por ele prestados ao país poderiam exercer alguma influência sobre a marcha dos acontecimentos. Desistiu, porém, do seu propósito por se lhe ter ponderado que, à vista das notícias, nada adiantaria.

Sugeriu-se, então, a ideia da intervenção de algum homem político que se pusesse em contato com o chefe do movimento e procurasse desviá-lo do rumo que seguramente lhe indicariam os conselhos e persuasões dos dois acolhidos acima nomeados. O nome lembrado foi o do conselheiro M. P. de Souza Dantas, que, além de morar mais perto do Palácio Isabel, era amigo da situação dominante, a liberal, e possuía qualidades especiais e bem conhecidas que o habilitavam para tão dedicada incumbência. Ofereci-me para ir à sua procura e acudir prontamente ao chamado da princesa, a quem tratou de tranquilizar, assegurando "que ela tinha um trono no coração de cada brasileiro". Ignoro, porém, que passos deu para conjurar a crise.

Depois de providenciarem para pôr a bom recato os pequenos príncipes, seus filhos, mandando-os para Petrópolis em companhia do barão de Ramiz, seu tio, pensaram os condes d'Eu em ir ter com o imperador, que ainda supunham naquela cidade. Mas, nessa ocasião, recebeu-se um telegrama do conde de Mota Maia anunciando que ele seguia pela estrada de ferro do Norte em direção a São Cristóvão. Resolveram, por isso, ir ao seu encontro e por cautela preferiram ir por mar e desembarcar no cais Lajoux. Meteram-se, portanto, no carro do barão do Catete, levando-nos a mesma comigo e no outro seguiram o dito barão e o conselheiro dr. Marinho de Azevedo.

Em Botafogo, estava uma pequena lancha a vapor arranjada pelo primeiro e na qual embarcariam os príncipes e nós dois em demanda do referido cais do desembarque.

Abro aqui um parêntesis para dizer o que sei sobre o que muito se tem tratado — o dos telegramas expedidos ao imperador pelo visconde de Ouro Preto. Pretende-se que o primeiro deles (foram dois ao todo) chegara de madrugada e só fora entregue ao seu destinatário depois que ele acordara, pois que havia recomendação preventiva do médico, o conde de Mota Maia, para que não se despertasse o imperador a fim de lhe entregarem telegramas. Era uma recomendação que, havendo sido cumprida à risca, deu em resultado vir o imperador a saber já tarde que uma parte da guarnição se tinha sublevado; de modo que só desceu de Petrópolis fora de tempo; quando com a sua presença no teatro dos acontecimentos já não era mais possível influência decisiva capaz de atalhar as sequelas do movimento sedicioso.

Mota Maia, com quem mais de uma vez conversei a tal respeito, desviara de si a responsabilidade, dizendo que o telegrama em questão fora oportunamente entregue ao imperador, mas que este guardara silêncio absoluto, não lhe fazendo a mínima referência a ele na conversa que tivera com ele, Mota Maia, e com o conde de Aljezur, seu camarista, quer quando, nessa mesma manhã, o acompanharam ao estabelecimento das duchas que todos os dias tomavam, quer ao regressar dele. Ao chegar, porém à estação da estrada de ferro até onde costumava levar o passeio de volta do estabelecimento balneário, perguntou o imperador ao chefe da estação se lhe seria possível ter sem demora um trem caso dele viesse a precisar, ao que respondeu afirmativamente o dito empregado, Bento Miguel de Carvalho Guimarães. Isso mesmo me foi por este confirmado quando, mais tarde, o interroguei sobre as ocorrências.

—

Para essa pergunta do imperador muito admirou tanto Mota Maia como Aljezur, de quem ouvi a mesma narrativa e, só mais tarde, lhe compreenderam o alcance, quando o imperador recebeu o segundo telegrama, que o fez decidir partir imediatamente para o Rio.

Retomo agora o fio da minha narrativa.

A lancha em que íamos enfrentava a praia de Santa Luzia quando o príncipe chamou a nossa atenção para uma carruagem puxada por seis parelhas, que passava à altura mais ou menos do Hospital da Santa Casa da Misericórdia e, se conhecendo de que era como ele supunha o carro do imperador, mandou que a lancha atracasse ao cais Pharoux em vez de ir mais longe. Ali chegados, fui eu mesmo buscar o carro, que ainda estacionava em frente ao Paço da Cidade e no qual corríamos todos longe para fazer o curto trajeto. Era mais de uma hora da tarde e o aspecto do cargo do Paço na praça D. Pedro II era o dos dias ordinários: a mais absoluta tranquilidade ali reinava. E tormentas, como de costume, descobriam-se a respeitosamente, muito embora com certo ar de surpresa, diante dos príncipes, que foram recebidos com as honras habituais; toque de cornetas, rufos de tambor e continência pela guarda do palácio ao mando de Alfredo Pereira Pinto, filho do já mencionado almirante barão de Ivinhema.

Foram sucessivamente chegando várias pessoas, entre as quais os conselheiros Silva Costa, Olegário Soares Brandão, Tomás Coelho, Joaquim Ferreira, conde e condessa de Carapebus, conde de Baependi, d. Maria Cândida de Figueiredo, marquesa de Paranaguá, visconde de Nogueira da Gama, visconde da Penha, Pandiá Calógeras, Antônio Simões da Silva, barão de Peixoto, Ramiz Galvão, condessa da Ponte, visconde de Parimã, visconde de Taunay. Este último conversou algum tempo com o imperador, tendo sido, porém, que ele deveria ficar em Petrópolis e ali constituir novo governo, buscando-se depois o interior do país se as circunstâncias o reclamassem; plano que pelo dr. André Rebouças, seu amigo, fora comunicado à princesa imperial quando esta se achava ainda em seu palácio.

O imperador conservava a maior serenidade e parecia não estar compenetrado da gravidade da situação. É o que resultou das palavras com que acolheu a proposta do comandante chileno Bannen, quando este punha à sua disposição o couraçado *Cochrane*: "Isto é um fogo de palha, eu conheço os meus patrícios". Palavras estas que o oficial estrangeiro ouviu com visíveis mostras de dolorosa surpresa. Entretanto, pela volta das três horas, apareceu um piquete de cavalaria, cujo comandante declarou que, por ordem do marechal Deodoro, vinha pôr às ordens de Sua Majestade, ao que este replicou ao ser disso informado pelo conde de Aljezur que não reconhecia em Deodoro qualidade para tal.

Vendo, entretanto, que não tinha ainda aparecido alguém do ministro a entender-se com ele, encarregou o general barão da M. Reis de ir em procura do visconde de Ouro Preto, que dali a pouco se apresentou, com quem conferenciou por algum tempo. Contudo, logo em seguida, fora mandado convocar o conselheiro Gaspar Silveira Martins para organizar o novo Gabinete. Ideia foi essa, sob todos os pontos de vista, pouco feliz, já porque (e isso bastava) estava ainda em viagem do Rio Grande do Sul para a Corte e, portanto, não podia acudir de pronto com as medidas que as circunstâncias urgentemente reclamavam; já porque o inimigo declarado de Deodoro, não era o mais próprio para arcar saldo de meios de ação com o chefe do movimento militar vitorioso. Diz-se que, tendo notícia da designação do novo presidente do Conselho, Deodoro até então hesitante concordava ceder às solicitações e estarrecimentos dos republicanos, que o cercavam a consentir na proclamação da República e na organização do Governo Provisório. Esta versão parece plausível de atendermos entre outras circunstâncias ao seu ato, há pouco referido, de mandar pôr às ordens do imperador o piquete da cavalaria.

Nesse começo, uma turba de que fazia parte José do Patrocínio havia se apresentado no paço na Câmara Municipal e proclamado a República. Muitos dos indivíduos de que ela se compunha eram de tal jaez que alguém muito comprometido por seus antecedentes e obrigado por isso a acompanhá-la me disse assim depois que ficara envergonhado por achar-se em semelhante companhia. Estas palavras são do padre João Manuel de Carvalho e proferidas em 1896 a bordo do paquete francês *Provence*, dos transportes marítimos de Marselha, onde nos achamos em viagem do Rio de Janeiro para a Europa.

Mais tarde, resolveu o imperador convocar o Conselho de Estado para deliberar sobre a situação e, por não haver ali presente quem expedisse os convites, fui eu incumbido de escrevê-los e mandá-los a alguns dos conselheiros — outros, porém, haviam já aparecido lá no Paço e eram informados de que o imperador lá se achava. Lembro-me de ter visto os seguintes: João Alfredo, Paranaguá, Paulino, Andrade Figueira, Correia, Olegário, Silva Costa, Cavalcante, Bom

Conselho e São Luís do Maranhão. Não me recordo, porém, se todos eles tomaram parte na deliberação que teve lugar com o consenso da princesa imperial e seu esposo, ambos membros daquela corporação. Resultou da consulta que, em vez de Silveira Martins, foi encarregado da organização do novo Gabinete o conselheiro Saraiva, a cuja procura em Santa Teresa partiu logo o marquês de Paranaguá, que conseguiu encontrá-lo e com ele voltou sendo já noite. Saraiva aceitou a incumbência com que o honrava o imperador e, parecendo-lhe que antes de tudo importava entender-se com o chefe do movimento militar, escreveu-lhe uma carta de que, por indicação do conselheiro Andrade Figueira, foi portador um genro deste, o major Roberto Trompowski Leitão de Almeida. Este partiu sendo mais ou menos onze horas da noite e regressou às duas da madrugada com a resposta verbal de Deodoro que não aceitava propostas, nem cedia coisa alguma; que seu plano estava feito e as pastas do novo Governo já distribuídas, e que no dia seguinte mandaria uma resposta a Saraiva.

O portador, que estivera em conversa amigável comigo enquanto se redigia a carta, voltou, segundo me contaram, com ar bem diverso do que tinha ao partir. Tendo-se o imperador já recolhido aos seus aposentos, essa hora foi a princesa imperial querer com fria dignidade receber a resposta que lhe trouxera.

Foram então descansar. Mas, às três horas da madrugada, ouviram-se tiros de espingarda e soou um viva ao imperador. Eram, como depois se constatou, Imperiais Marinheiros que haviam tentado um desembarque acudindo em defesa do monarca abandonado: brava gente!

Outros foram mais tarde vitimados, se é verdadeiro o boato, por não terem querido arriar a bandeira imperial que haviam jurado defender!

Logo pela manhã do dia 16, fui a Botafogo visitar meu pai e o encontrei ainda atônito do que se passou na véspera e lamentando os seus 82 anos e a fraqueza de suas pernas não lhe permitia sair a campo em defesa das instituições que sempre tão lealmente servira. Regressei depois ao Paço, aonde cheguei antes das nove horas, se bem me recordo. Era tempo, visto que um pouco mais tarde foi vedado o ingresso a quem quer que fosse, ficando o imperador e sua família prisioneiros em seu palácio, cujas saídas eram guardadas por sentinelas, ainda mais, patrulhas da cavalaria. Ocorriam, de quando em quando, em torno do Paço, armadas de clarinetes [que] impediam que o povo se aproximasse, e quiçá com o fito de amedrontá-lo e tolher alguma manifestação em favor do monarca.

Havia, com efeito, na praça e rua lateral, grandes aglomerações de gente no meio da qual reconhecemos vários amigos. Ninguém, todavia, manifestava por sua aprovação ou reprovação do que se estava passando; era esse dilúvio sossego, morno sossego, que levou um [ilegível] da nova ordem de coisas se estava tão ausente que o povo brasileiro assistiu *bestificado* à proclamação da República. "Um jornal, argentino creio, indo mais longe, lançava-nos este purgante epigrama: 'que na revolução brasileira houvera um ferido e 10 mil desanimados'."

Revolução deveras singular foi essa, cuja subitaneidade e pronto êxito tanto maravilharam o mundo e originaram a suposição de ter sido ela produzida por explosão do sentimento nacional contra o regime que assim tão facilmente se destoava ao primeiro embate de onda popular!

Depois, sabendo da fraqueza numérica do Partido Republicano, mesmo aumentado por aqueles que a lei da abolição alistara em suas fileiras, admiraram-se muitos da possibilidade de o povo ter tirado dali argumento desfavorável ao caráter nacional.

Queria acreditar, entretanto, que o povo brasileiro, afeito a uma longa paz interna que durou quarenta anos, foi bruscamente despertado certa manhã pela notícia de um levante de quartéis e vira toda a força armada coligada na capital e nas províncias, não podendo ao menos opor-lhe a milícia cidadã, essa guarda nacional, baluarte constante da legalidade, que ainda estava em via de reorganização; querem ponderar que em outros países bastou a submissão da capital para fazer curvar-se todo o povo diante de uma nova ordem de coisas criadas pela revolução, como atestam os fatos de 1830, 1848 e 1870 em França;[1] quem atentar para essas considerações mostrar-se-á mais indulgente para conosco; me proponho a julgar-nos com a verdade.

Longe estou, entretanto, de aplaudir o açodamento com que, apenas partido o imperador, porfiaram em prestar a sua adesão à ditadura militar todas as classes sociais, compreendendo nesse número aquelas cujo atributo deveria ser antes o de uma reserva cheia de dignidade. O próprio episcopado não escapou ao contágio do ambiente e a Pastoral Coletiva [ilegível] que não tivera a sua independência.

É de crer que, sem essas atrações em massa, a República teria encontrado estorvos bem difíceis de vésperas, dados os seus primeiros passos e embora muito tenham clamado os puritanos contra os denominados "adesistas", a essa cooperação facilitou sobremaneira a ação do improvisado Governo, pois raros, raríssimos, eram dentre os propagandistas os homens habilitados para funções públicas.

Tão escasso era, com efeito, o número dos republicanos que, segundo é corrente, Quintino Bocaiuva achava indispensável a coadjuvação das classes armadas para conseguir a realização dos seus ideais políticos. A não ser assim haveria, diziam eles, terceiro, quarto e quinto reinados. E tinha razão, porque o 15 de Novembro é obra exclusiva dessas classes, que se arrogaram o direito de falar em nome da nação e manietaram a sua soberania ao imporem à Constituinte a obrigação de não afastar-se dos moldes da República federativa por elas proclamada! Assim a Constituição de 24 de fevereiro está inebriada de um vício radical de origem — o de violência. Acrescentam-se a isso os processos e expedientes de favores regularmente [ilegível] e será mister concordar que eles não foram expressão da vontade nacional.

O imperador estava, pois, preso em seu palácio, cercado pela tropa, revoltado. Mas o cerco não era completo, ignorava-se que o Paço Imperial comunicava pelos fundos com uma casa da rua da Misericórdia, por onde, a querer-se, poderia efetuar-se a saída. Houve mesmo quem lhe propusesse sair e refugiar-se a bordo do couraçado *Cochrane*, cujo comandante, como ficou dito, o pusera à sua disposição; mas ele nobremente recusou a assumir essa proposta, preferindo correr todos os riscos de sua posição a refugiar-se em território estrangeiro.

Poderia, entretanto, a tempo e antes que as coisas houvessem chegado ao período agudo em que se achavam, ter-se abrigado em algum dos vasos de guerra nacional, o couraçado *Riachuelo* por si, cujo comando tivera a seu bordo os pequenos príncipes filhos da princesa imperial, e me disse alguém ter estado até o último momento indeciso sobre a atitude que deveria assumir.

Seria, porém, acertado esse plano e teria ele conseguido chamar a si o comandante da Marinha apelando para sua lealdade? Não faltavam nessa corporação numerosíssimos oficiais adeptos à causa da Monarquia e a dedicação dos praças, os Imperiais Marinheiros, era bem conhecida. Isso não impedira, entretanto, que as forças de mar houvessem fraternizado com as capitaneadas por Deodoro quando este, do Campo de Santana, se dirigira ao Arsenal de Marinha; de modo que não ouso conjecturar se preponderaria mais nela o espírito de classe, do sentimento da fidelidade ao seu juramento.

Demais repugnasse ao coração magnânimo do imperador que o sangue de irmãos viesse a correr por sua causa. Como ia, porém, dizendo, havia uma saída do Paço que escapara ao cerco. Disso se aperceberam os que o dirigiam, ao verem aparecer na rua uma pessoa bem conhecida da Corte, o conde de Carapebus, que momentos antes tinha sido visto no interior do palácio. Foi, portanto, destacada uma guarda de alguns praças que, penetrando no edifício, cortou a comunicação deste com o prédio da rua da Misericórdia ao qual acima fiz atenção.

Entretanto começou-se a dizer que, no correr do dia, se apresentava uma comissão portadora da mensagem do intruso Governo para o imperador e efetivamente às três horas da tarde compareceu a deputação anunciada, cujo chefe era o então major Sólon, e se compunha de mais dois oficiais de menor patente. Admitido à presença do imperador o referido major, lhe entregou um papel dizendo que era uma mensagem do Governo Provisório, sendo, porém, a sua perturbação tal que não abismava com o tratamento que devia dar ao imperador, a quem deu a princípio o de Excelência, depois o de Alteza, e finalmente o de Majestade. O imperador recebeu-os com a serena dignidade e aquele ar natural de majestade, que tanto respeito impunha aos que dele se acercavam, e lhes disse que podiam retirar-se e convocá-los-ia logo que houvesse formulado a sua resposta.

Esta cena passou-se na chamada Sala das Damas. Assistindo a ela, além da imperatriz, a princesa imperial e seu esposo, o conde d'Eu, o príncipe d. Pedro Augusto, os barões e baronesas de Loreto e Muritiba, os condes de Aljezur e Mota Maia, o visconde da Penha, o comendador dos Pandiá Calógeras e sua senhora a irmã desta, a Maria Eugênia da Penha.

Os portadores da mensagem detiveram-se em uma sala imediata onde o major Sólon estava em conversa comigo e os condes de Aljezur e Mota Maia, explicando o procedimento do Exército, que, cansado das perseguições de que era alvo por parte do Governo e não encontrando garantias no imperador, se via impelido, ao extremo a que chegara. E, depois de aludir aos minguados recursos proporcionados, aos que vertiam o seu sangue pela pátria, acrescentou que muito aplaudia a atitude dos que se conservam ao lado do marechal em tão solene momento, e eram, aliás, sem prover a estas palavras ditas em tom que me pareceu ironia, repliquei que seríamos muito mais numerosos se o ingresso no palácio não fosse vedado a todos pela tropa que o cercava. Com efeito, no meio da multidão apinhada na praça adjacente, divisávamos vários conhecidos que nos cumprimentavam e pessoas da maior notoriedade e posição social — senadores, conselheiros de Estado, diplomatas. Um dos que não podiam penetrar no Paço foi o barão de Corumbá, ainda general da Armada; outro foi Joaquim Nabuco.

—

Apenas, porém, recebera a mensagem e se inteirara do seu contexto, exclamava o imperador em tom resoluto: "Eu parto, e parto já", palavras essas acolhidas entre lágrimas pela venerada imperatriz e pela princesa imperial, que não podiam conformar-se com a ideia de abandonar tão prestes e bruscamente o país que tanto amavam. Redigida que foi a resposta do imperador de acordo com o barão de Loreto, ministro do

Império do gabinete Ouro Preto, mandou ele chamar o major Sólon e companheiro e lhe entregou com a mesma calma e dignidade com que o recebera.

Momentos depois, passando perto de mim, me disse o imperador, preso de visível emoção: "Isto é devido à indisciplina do Exército que seu pai bem conheceu". Aludia aos primeiros sintomas de indisciplina que tivera lugar logo após a campanha do Paraguai, sendo meu pai ministro da Guerra.[2]

Conhecida a resolução do imperador, [ilegível] e logo que fora levantada a interdição de saída do Paço, que até então houvera e recordo-me que procurando indagar do major Sólon foi-me por ele respondido a princípio que precisava verificar que ordem havia, porquanto que (prosseguiu tomando-me por meu pai), sabe que somos militares e portanto sujeitos à "disciplina": palavras na verdade bem cabidas na boca de quem tomara parte tão ativa na conspiração e se levantaria em armas contra os poderes constituídos.

A princesa imperial manifestou o desejo de ir ao seu palácio, a fim de ali fazer seus preparativos de partida, marcada para o dia iminente, mas tendo se lhe respondido, depois de certa demora, que só lhe seria permitido sair guardada ou, como diziam, acompanhada por um piquete de cavalaria, desistiu do intento e confiou à minha mulher a incumbência desses arranjos, o que ela fez coadjuvada por d. Maria Eugênia, filha do visconde da Penha.

Este ficou no Paço e com ele o seu genro Calógeras, a esposa e uma outra filha solteira, d. Mariana. Ficavam também estas outras pessoas: o marquês de Tamandaré, devotado amigo do imperador; o conde de Mota Maia e Aljezur, o barão de Ivinhema e a viscondessa de Fonseca Costa.

Foi, porém, pelas pessoas em primeiro lugar mencionadas (a família Penha), que teve conhecimento das ocorrências de que vou ocupar-me.

Estava combinado que a família imperial embarcaria no dia seguinte, 17, às três horas da tarde, e já se achavam todos recolhidos em seus aposentos, e descansando das fadigas do tão agitado dia, quando à uma e meia da madrugada, mais ou menos, bateu à porta do príncipe conde d'Eu o coronel Lassance, seu mordomo, avisando-o da chegada do general José Simão e do tenente-coronel Mallet, mandados pelo Governo Provisório para persuadirem o imperador da necessidade de embarcar sem mais demora. Informado da mensagem, recusou o imperador terminantemente a seguir, dizendo que embarcaria à hora convencionada e à luz do dia e não como um fugido; mas sobrevindo então o visconde almirante barão de Jaceguai, entrou a secundar os dois outros e instar com o imperador para que cedesse porquanto e dizia: "O Governo receia que haja derramamento de sangue e todos sabem quanto Vossa Majestade zela o sangue do seu povo". Ao que replicou o imperador: Ah! Então não é o povo que me manda embora!

o povo me quer bem, e tudo isto é obra da indisciplina do Exército e da Armada!

—

Acabou, pois, por concordar mas dizendo que o fazia para evitar um conflito mortífero. Enquanto isso se passava, o tenente-coronel Mallet comunicava à princesa imperial que o Governo Provisório, animado das melhores intenções, resolveu pôr amplos recursos à disposição da família imperial, ao que a princesa, possuída de indignação, respondeu: Oh! Sr. Mallet, pois é quando nos vê com o coração partido de dor que vens falar-me de dinheiro, conhecendo o nosso modo de pensar sobre semelhante assunto!!

Este incidente já foi objeto de uma reclamação ou retificação minha ontem a certo tropeço de um artigo do *Jornal do Commercio* — "O dever do momento", escrito pelo almirante Jaceguai, que o narrava de um modo bem diverso. Folgo de poder deixar aqui consignado que a minha memória não me traiu ao escrever aquela retificação — as pessoas que me narraram o incidente nos o confirmaram ponto por ponto.

Depois de despedir-se de seus fâmulos, um dos quais principalmente, o velho Bernardo, debulhado em lágrimas e ajoelhado, lhe beijava as mãos, o imperador cobria-se e, com ar sempre calmo e sobranceiro ao que em torno se passava, desceu a escada dando o braço à sua filha, ao passo que a imperatriz tomava o do conde d'Eu. Seguindo-se-lhes o príncipe d. Pedro Augusto e as outras pessoas ao chegar ao saguão, recebeu a continência da guarda ali parada e, com os outros membros da imperial família, entrou em um carro de aluguel que o aguardava para transportá-lo ao cais fronteiro.

Ao embarcarem, o imperador, dirigindo-se aos militares que o seguiam, lhes disse: "Os senhores são uns doidos". E a princesa imperial, voltando-se para o tenente-coronel Mallet, acrescentou: "Se o senhor tem alguma lealdade, não deixem de repetir que meu pai lhe declarou que só embarcava nesta ocasião para evitar um conflito".

Tomaram então a lancha que devia conduzi-los para bordo do *Alagoas*, e só no caminho souberam que se dirigiam para a canhoneira *Parnaíba*. Assim, a chamada revolução, que se prevalecera das sombras da noite para tentar o assalto contra o Governo, delas vale-se ainda para subtrair das vistas da população cuja tutela assumira o soberano por ela venerado, receando, como ficou dito, que alguma manifestação de simpatia viesse a ter lugar, se o embarque se efetuasse à luz do dia, e desse seu resultado algum sangrento conflito.

O receio era mesmo tal, segundo parece, que nem mesmo permitiram que o *Parnaíba* se demorasse no porto, mas fizeram-na seguir às dez da manhã para a Ilha Grande a fim de ali esperar a chegada do *Alagoas*. Nela embarcaram também os três príncipes filhos do conde d'Eu, que pouco antes haviam chegado de Petrópolis acompanhados pelo seu aio o barão de Ramiz, pelo dr. André Rebouças e pelo conde de Weisersheimb, ministro da Áustria.

A noite correra também agitada para nós, porquanto depois de ter eu ido comunicar a meu pai a resolução que tomáramos de acompanhar a família imperial, tivemos de fazer aprontos para a viagem do dia seguinte e só mui tarde procuramos descansar. Às cinco horas da manhã, porém, soou insistentemente o tímpano da entrada e chegou-nos às mãos um bilhete do excelente amigo Pandiá Calógeras, comunicando que o imperador e família tinham embarcado às duas horas. Ao receber essa inesperada notícia, um raio de luz iluminou o espírito, fazendo que dos lábios meus irrompesse a exclamação: Ora, graças a Deus! Porque intuitivamente compreendo que essa resolução fora tomada sob a apreensão de graves complicações... E assim fora; acabo de ver.

Ao meio-dia, devíamos acharmo-nos no Arsenal de Marinha a fim de seguirmos para bordo do paquete *Alagoas*, destinado a transportar o imperador e sua família; ali fomos ter encontrado por vezes rondas de cavalaria armadas de clavinotes, e no Arsenal estava reunido todo o corpo diplomático, que se mostrava pesaroso pelos acontecimentos dos dias anteriores e esperavam manifestar esses sentimentos ao imperador. A tristeza era geral e a de um deles, o ministro chileno Villamil, ia até as lágrimas.

Ao meio-dia apareceu o inspetor do Arsenal Foster Vidal, anunciando que só tinham permissão para desembarcar as pessoas que tivessem de acompanhar a família imperial; pelo que, malgrado as reclamações dos diplomatas, seguimos unicamente após os barões de Loreto e o tenente-coronel Amarante (Manuel Corsino Peixoto), que a todo custo quis levar suas despedidas aos augustos exilados.

Importa, antes de prosseguir, pôr em relevo o nobilíssimo caráter desse digno [ilegível], que não hesitou nessa emergência tão crítica em dar tão expressivo testemunho de dedicação. Logo após, despiu a farda, dando sua demissão do serviço do Exército sem embargo das admoestações do seu amigo Benjamin Constant, uma das maiores páginas do novo cenário.

Ao *Alagoas* foram sucessivamente chegando várias pessoas, como fossem o senador e barão de Mamoré, o conde de Carapebus, d. João Marinho de Azevedo, o tenente-coronel visconde de Beaurepaire-Rohan; coronel Augusto de Miranda Jordão, Lopo Diniz Cordeiro e d. William Yeats. Todos cuidavam encontrar a bordo a família imperial, ignorando que já seguiram no *Parnaíba*, e o último indignado prorrompeu em exclamação, que por honra sua convém registrar: O Brasil não tem Brasileiros!

Levantamos ferro à uma hora e meia da tarde, levando, arvorada à popa, uma nova bandeira imitação dos Estados Unidos, com listas verdes e amarelas e no canto superior junto à haste um retângulo azul estrelado. [Ao] descobrirmos a Ilha Grande, viu-se ainda no horizonte a fumegar o *Parnaíba*.

Fora a bordo deste último navio que tivera lugar a entrega do decreto do Governo Provisório que concedia ao imperador a quantia de 5 mil contos. O portador, segundo depôs um jornal, foi um oficial de nome Jerônimo França, que lhe entregou um papel fechado, sem dizer o seu contexto, da pasta do referido Governo, e o imperador o meteu no bolso dizendo que veria só a bordo do *Alagoas*. Já em viagem, tomara dele conhecimento e formulou logo a recusa, que deu em resultado o decreto de banimento de toda [a] família imperial. Entre as razões dadas para justificar a violenta medida figura a de ter o imperador recusado a doação dos 5 mil contos depois de a ter aceitado — alegação, como se vê de pronto, inexata.

Ancoramos na enseada da Ilha Grande sendo já noite e, pela volta das oito, foram a família imperial e mais pessoas a que ela tinham seguido transladadas a bordo do *Parnaíba* para o do *Alagoas*. O mar estava um tanto agitado, a noite escura, sendo por isso difícil o desembarque e embarque que demais foram feitos do lado em que o balanço era mais forte, de modo que a venerável imperatriz, mui nervosa e movendo-se com dificuldade, dava gritos que a todos penalizavam.

O *Alagoas* suspendeu à meia-noite e às seis e meia da manhã do 18 passou em frente à barra, onde do meu camarote, situado a bombordo, divisei um negro monstro marinho, voltado para nós. Era o couraçado *Riachuelo*, encarregado de escoltar o nosso vapor e comandado pelo capitão de mar e guerra almirante Alencar, de quem já me referi. O dia estava radiante e contrastava com a tristeza em que todos nos achávamos.

A bordo estavam, além dos membros da família imperial, a viscondessa da Fonseca Costa, dama habitual da imperatriz, o barão e baronesa de Loreto, os condes de Aljezur e Mota Maia, e o filho mais velho deste, Manuel Augusto, o dr. André Rebouças, o alemão Stoll e nós dois. Estava também o tenente Antônio Rangel, encarregado do que parece [ilegível] substituído.

A viagem, como sempre com bom tempo, teria sido mais rápida se o nosso navio, que podia deitar onze milhas, não tivesse necessidade de demorar a marcha porque o *Riachuelo* não podia acompanhá-lo; houve mesmo ocasião em que fomos obrigados a parar a fim de não nos distanciarmos em demasia. Da outra vez, descansamos em largo círculo em volta dele — não teria, pois, sido difícil escapulir caso nisso se pensasse. Mas, de tal teria o imperador cogitado quando mesmo tivesse sabido que, nem por toda parte, haviam as coisas conquistado à feição para o improvisado governo.

Ao partirmos do Rio, lia-se nos jornais o contrário, é certo, porém mais tarde teve-se notícia da leal atitude do marechal Hermes Ernesto da Fonseca, irmão de Deodoro, e comandante das armas da Bahia, que não quisera reconhecer o novo estado de coisas e só depois se curvara ante a força das circunstâncias, quando foi informado de ter o imperador consentido em deixar o Brasil.

Entre os incidentes da viagem, notei o encontro de uns navios de guerra holandeses que por nós passaram à noite, poucos dias depois da nossa partida. E na altura da ilha de Fernando de Noronha, última terra brasileira, junto da qual mui perto passamos o episódio do pombo mandado soltar pelo imperador. Tomou ele o voo, levando atado um bilhete de adeus à terra da pátria, mas o mofino mensageiro por muito pouco tempo se liberou nos ares e foi apagar-se no mar...

A esse tempo já o *Riachuelo* havia deixado de escoltar-nos desde o dia 22, achando-se conforme lá depois na latitude de 11° 5 e a 35° o de longitude Greenwich e portanto tendo apenas ultrapassado o atual estado da Bahia. Essa circunstância é característica, pois demonstra que o Governo, malgrado as notícias mandadas para a imprensa, não contava com a sua adesão ao movimento militar triunfante no Rio. Não foi a Bahia a única, também o Maranhão relutou e viu cair mais de uma vítima imolada nos ares da *nascente liberdade*.[3]

Chegamos a São Vicente na noite de 29 para 30 de novembro, às dez mais ou menos, com belo luar; mas jogando fortemente o vapor por ter pouco lastro, que reforçou durante a sua estada. Achava-se no porto o paquete *Montevidéu*, da linha hamburguesa, a cujo bordo estava o visconde de Ouro Preto, que com o imperador se correspondeu por escrito.

Na tarde do dia 1.º de dezembro, saíamos daquele porto ao toar da artilharia e aos vivas do marujo da corveta *Bartolomeu Dias*, da esquadra portuguesa, e levando arvorada no mastro grande a bandeira imperial brasileira, com a qual depois também entramos no Tejo. Nem outro pavilhão era admissível em país estrangeiro por não estar ainda reconhecida a recém-proclamada República.

Desde esse momento começou a acalmar-se a impressionabilidade do infeliz príncipe d. Pedro Augusto, que, até então, andara constantemente apreensivo e dominado pela mania de perseguição. A esse estado de espírito convém atribuir o fato, aliás, narrado com exagero, de ter ele lançado as mãos ao pescoço do excelente comandante Pessoa, do *Alagoas*, quando com ele e comigo conversava amigavelmente. Não chegou, porém, a apertá-lo porque imediatamente o atalhei, agarrando-lhe nos braços.

No dia 2 de dezembro, aniversário natalício do imperador, foram-lhe apresentadas saudações por todos os viajantes e o próprio tenente Magalhães Castro, que substituía Antônio Vieira Rangel, veio de uniforme cumprimentá-lo, sendo o imperador brindado ao jantar e respondendo com um brinde pela prosperidade do Brasil.

No dia subsequente, passamos as Canárias acercando--nos o mais possível da ilha de Tenerife, cujos altos picos cobertos de neve contemplamos, e por fim, no dia 7 pela manhã cedo, chegamos a Lisboa, onde o imperador foi recebido com todas as honras que aos soberanos competem, vindo buscá-lo El-Rei de Portugal d. Carlos, acompanhado por seus ministros e pessoas de sua Corte.

Termino aqui estas ligeiras notas, que oxalá possam ser de alguma utilidade, elucidando pontos talvez ainda hoje obscuros e relatando particularidades quiçá ignoradas.

12 de junho de 1913

Posfácio

Keila Grinberg e Mariana Muaze

Os fatos

Os acontecimentos a que se referem os relatos da princesa Isabel e dos barões de Muritiba ocorreram entre 14 de novembro e 7 de dezembro de 1889, da véspera da proclamação da República à chegada a Lisboa da família real e sua comitiva, dando início ao exílio que duraria até 1921, quando se iniciavam as comemorações do centenário da independência do Brasil.

Ainda que existam muitos relatos de época sobre a queda da Monarquia e a proclamação da República no Brasil, estes são únicos não só por serem seus autores quem são — a própria princesa Isabel e membros de seu círculo de convivência mais próximo —, mas também por terem o objetivo explícito de apresentar uma versão simpática à Monarquia, em particular à forma como o imperador d. Pedro II teria reagido à notícia de sua deposição. Para entender bem esses documentos, porém, é necessário conhecer os fatos por eles descritos, seus autores e o contexto em que foram produzidos, além do processo histórico mais amplo que levou ao fim do Império.

Embora em novembro de 1889 a Monarquia já estivesse havia bastante tempo com os dias contados, é impossível dissociar o início do fim do Império do famoso baile da Ilha Fiscal, a última grande festa da família imperial na Corte, realizado no dia 9. Oficialmente, o baile era uma homenagem à presença do navio chileno *Almirante Cochrane* na cidade. Na realidade, a festa, que celebrava as bodas de prata da princesa Isabel e do conde d'Eu, foi planejada para demonstrar a vitalidade do Império. Mas nisso nem o próprio d. Pedro II acreditava. Relatam os contemporâneos que o próprio monarca teria chegado a satirizar sua fragilidade política; ao perder o equilíbrio na chegada ao baile, comentara: "O monarca escorregou, mas a Monarquia não caiu!". Seria por pouco tempo. Enquanto a Corte dançava, oficiais do Exército planejavam a tomada do poder.

Cinco dias depois, à frente de cerca de mil homens, o general Deodoro da Fonseca tomaria o quartel-general do Exército. No dia seguinte, 15 de novembro, o Gabinete ministerial do Império, liderado por Afonso Celso de Assis Figueiredo, o visconde de Ouro Preto, seria deposto "em nome da Armada, do Exército e do povo" brasileiro. À exceção do barão de

Ladário, ministro da Marinha, ferido com dois tiros, consta que não houve resistência por parte das tropas, que saíram em desfile pelo centro da cidade, capitaneadas por oficiais e lideranças civis do movimento republicano. À tarde, os vereadores, reunidos na Câmara Municipal, expressavam apoio às Forças Armadas, declaravam consumado o ato de deposição da Monarquia e proclamavam a República como nova forma de governo do Brasil.

Enquanto a ação se desenrolava no Rio, em Petrópolis d. Pedro II seria acordado com a notícia de que o visconde de Ouro Preto pedia que retornasse imediatamente à Corte. Acompanhado pela imperatriz, o imperador passava os dias de calor em seu palácio de verão. Consta que ao meio-dia tomou o trem, e às duas da tarde já estava na capital, rumando diretamente para o Paço Imperial, onde já se encontravam a princesa Isabel, o conde d'Eu e o próprio Ouro Preto. Lá, ele teria tomado conhecimento da demissão de seu gabinete, mas não teria sido procurado por nenhum membro do movimento republicano.

Naquela noite, a família imperial pernoitou no Paço. Guardado por tropas, ninguém podia entrar no palácio ou dele sair. Foi só no dia seguinte, 16 de novembro, que o imperador recebeu mensagem do Governo Provisório da República, comunicando-lhe o banimento da família imperial do país, que deveria ocorrer em, no máximo, 24 horas. D. Pedro não protestou, e, como os republicanos tinham pressa, na madrugada do dia 17 de novembro a comitiva da família imperial deixou o palácio. Levavam apenas objetos de uso indispensável, uma vez que os bens da Coroa seriam arrolados e disponibilizados posteriormente. Saíram às três da manhã, de modo a evitar a aglomeração de populares, dizia-se. Escoltados por vinte homens, os *Imperiais* foram dirigidos ao cais Pharoux, que ficava bem atrás do Paço, na praça que depois viria a ser denominada xv de Novembro, onde tomaram o cruzador *Parnaíba*, que os levaria à Ilha Grande. Ainda esperaram durante a manhã pelos três jovens príncipes, Pedro, Luís e Antônio, filhos da princesa Isabel e do conde d'Eu, que vieram diretamente de Petrópolis acompanhados por seu preceptor, o barão de Ramiz Galvão, e pelo engenheiro abolicionista André Rebouças, velho amigo da família, que iria com ela para o exílio. Na Ilha Grande, o paquete *Alagoas*, então o mais moderno navio da marinha mercante brasileira, requisitado pelo Governo Provisório, os aguardava para conduzi-los a Lisboa.

A bordo do *Alagoas*, além da família imperial, viajaram também André Rebouças, o casal Manuel Vieira Tosta e Maria José Velho de Avelar, barão e baronesa de Muritiba; o casal Franklin Américo de Meneses Doria e Maria Amanda Lustosa Paranaguá, barão e baronesa de Loreto; a viscondessa Josefina de Fonseca Costa, dama da imperatriz; Christian F. Seybold, professor de línguas orientais; o conde Cláudio Velho de Mota

Maia, médico do imperador, acompanhado de seu filho Manuel Augusto; Fritz Stoll, professor dos jovens príncipes; Francisco de Lemos Pereira Coutinho, o conde de Aljezur, fazendo as vezes de mordomo imperial. Da comitiva também faziam parte uma legião de criados: Joana de Alcântara, Leonídia L. Esposel, Ludmila de Santa Mora, Maria da Glória e Julieta Alves, criadas da imperatriz; François N. Boucher, criado do príncipe Pedro Augusto; e Eduardo Damer e Guilherme Wagner Camerloker, criados dos filhos da princesa.

Escoltado pelo encouraçado *Riachuelo*, da Marinha de Guerra brasileira, até a altura da cidade de Salvador, o *Alagoas* rumou para Portugal, não sem antes parar para reabastecer em São Vicente, então colônia lusitana, no arquipélago de Cabo Verde. Em tom de nostalgia e comoção, tripulação e comitiva comemoraram a bordo o 64.º aniversário de d. Pedro. Cinco dias depois, portando a bandeira do Império brasileiro, o paquete *Alagoas* foi recebido com pompa e circunstância em Lisboa pelo recém-empossado rei Carlos I, sobrinho-neto de d. Pedro II.

Os autores

Filha primogênita do imperador d. Pedro II e da imperatriz Teresa Cristina, a princesa Isabel nasceu em 29 de julho de 1846, no Palácio São Cristóvão, e aos quatro anos tornou-se herdeira do trono brasileiro. Foi criada, juntamente com a irmã Leopoldina, entre as residências de São Cristóvão e Petrópolis. Suas melhores amigas eram Mariquinhas, Maria José Velho de Avelar, futura baronesa de Muritiba, e Maria Amanda Lustosa Paranaguá, a Amandinha, filha de João Lustosa da Cunha Paranaguá e Maria Amanda Pinheiro de Vasconcelos (marqueses de Paranaguá), futura baronesa de Loreto.[1]

Pertencer ao seleto grupo de crianças que frequentavam o palácio imperial e gozar da companhia das princesas Isabel e Leopoldina não era, evidentemente, uma questão de empatia ou amizade. Era preciso ter prestígio e pertencer ao fechado círculo de relações da família imperial. Com Maria José Velho de Avelar não foi diferente. Nascida em 7 de agosto de 1851, descendia do ramo familiar dos Velho da Silva, atuantes na burocracia do Paço desde a chegada de d. João VI ao Brasil, em 1808. Sua bisavó, d. Leonarda Maria Velho da Silva, fora dama de companhia da princesa Carlota Joaquina; a avó homônima desempenhou a mesma função para a imperatriz Teresa Cristina. E sua mãe, Mariana Velho de Avelar, havia sido "companheira de folguedos de adolescência das princesas" Januária e Francisca, irmãs de d. Pedro II.[2]

Mariquinhas, como Maria José era chamada, passou a maior parte da infância na fazenda Pau Grande, região de Pati do Alferes, no Vale do Paraíba fluminense, com seus pais, Joaquim Ribeiro de Avelar e Mariana Velho de Avelar, seus irmãos e outros parentes. Ricos cafeicultores, possuíam imensas propriedades, onde trabalhavam seus mais de setecentos escravos — padrão altíssimo para a época. Na década de 1860, os Ribeiro de Avelar adquiriram residência em Petrópolis para passar as temporadas de verão. Quando lá estavam, Mariquinhas era sempre convidada para brincar com as princesas. Elas tocavam piano, passeavam no jardim, tomavam chá, olhavam fotografias e faziam juntas jogos de palavras. Aos onze anos de idade, a presença da menina na casa da princesa era tão frequente que a avó d. Leonarda comentava: "A imperatriz chega domingo 5 e logo Mariquinhas será chamada para o brinquedo".[3] As meninas também gostavam de fazer apresentações no teatrinho do Paço Imperial, tendo encenado até mesmo *Rira mieux qui rira le dernier* [Rirá melhor quem rir por último] e *Les Plaideurs* [Os litigantes], do dramaturgo francês Jean Racine.

A amizade entre Mariquinhas e Isabel era tal que, em 1864, às vésperas do casamento de Isabel com Gastão de Orléans, o conde d'Eu, filho do duque de Nemours e neto de Luís Filipe I, último rei da França, sua mãe, Mariana Velho de Avelar, recebeu uma carta de d. Leonarda:

> Estão a sós em família os seis, quer dizer, o imperador, a imperatriz, princesas e príncipes; andam em mar de rosas, se assim o pensam. As princesas muito alegrinhas perguntam por ti, muito por Mariquinhas e pediram de te mandar muitas saudades e

igualmente a Mariquinhas. A imperatriz te envia muitos recados e ao nosso bom Joaquim.

Em 15 de outubro do mesmo ano, Isabel e Gastão se casaram, conforme acordado entre as casas de Orléans e de Bragança. Os festejos tiveram início às nove horas da manhã, com a partida do cortejo da Quinta da Boa Vista em direção ao largo do Paço. Seguiram-se a cerimônia religiosa celebrada pelo arcebispo da Bahia, d. Manuel Joaquim da Silveira, a condecoração do noivo com o colar da Ordem da Rosa e uma grande festa no salão do Paço para representantes estrangeiros, altos funcionários e amigos. Pela proximidade entre as famílias, é bem provável que Leonarda, a filha Mariana, a neta Mariquinhas e os demais membros das casas Velho da Silva e Ribeiro de Avelar também tenham comparecido à cerimônia. Às duas horas da tarde, a família imperial se retirou e os recém-casados partiram para Petrópolis na barca do Arsenal de Marinha.

O local escolhido para passarem a noite de núpcias e as primeiras semanas de casados, antes de viajarem para a Europa, foi justamente a residência de veraneio de Joaquim e Mariana Ribeiro de Avelar, localizada na rua dos Mineiros, atual Silva Jardim, em Petrópolis. Em seu diário, a princesa Isabel relatava: "A casa é muito bonitinha e está muito bem-arranjada".[4] O favor serviu para estreitar as relações de amizade havia muito estabelecidas entre as duas famílias:

A imperatriz, com quem estive ontem, te mandou muitas saudades e a Joaquim e Mariquinhas. Disse que estava muito ansiosa em ver a nossa Marianinha, de quem muito gostava. Deus permita que não seja só de parola.[5]

Por cá ele [Joaquim] também tem ganho muito boa reputação no mais que já tinha pelas suas condescendências com a casa de Petrópolis, todos falam no cavalheirismo dele [...] e como ele cavalheiramente se despiu de sua casa favorita.[6]

Mariquinhas se casou cinco anos depois, em 1869, no mesmo dia em que seus pais comemoravam vinte anos de casados. O noivo escolhido foi Manuel Vieira Tosta, nascido em 14 de outubro de 1839 na Bahia, filho do primeiro barão de Muritiba, importante político e proprietário de engenhos na Bahia, e de Isabel Pereira de Oliveira. Manuel estudou em Boulogne-sur-Seine (atualmente, Boulogne-Billancourt), na França, e bacharelou-se em direito na Faculdade de São Paulo, em 1860.

Não sabemos se Mariquinhas já era dama de companhia da princesa Isabel à época do casamento. Mas é notório que a amizade das duas permaneceu forte como nos tempos de solteiras. À moda da época, elas frequentemente trocavam cartas e fotografias no formato *carte-de-visite*.[7] Os vínculos estendiam-se aos familiares. Mariana Velho de Avelar, mãe de

Mariquinhas, por exemplo, recebeu mais de dez fotografias da princesa Isabel e do conde d'Eu, sendo três da princesa ainda solteira e uma do casal durante a lua de mel em Viena, tirada no estúdio k.k. Hof-Photograph, de Ludwig Mária Mauritius Angerer, em maio de 1865.[8]

A reciprocidade da amizade era mantida pela família Ribeiro de Avelar e pelos recém-casados Mariquinhas e Tosta, que também enviaram seus retratos para a princesa, hoje arquivados dentre os mais de mil documentos pertencentes à Coleção Princesa Isabel, no Museu Imperial. Como de praxe, os noivos também remeteram à princesa seus retratos individuais tirados às vésperas do casamento. O recorte da imagem escolhida para presentear o casal d'Eu foi o busto, emoldurado em oval com efeito *flou*, que ressaltava o rosto dos indivíduos retratados.

Os meandros da política não apraziam à princesa Isabel, que mal completara 25 anos quando se viu assinando a Lei do Ventre Livre, ao ocupar pela primeira vez o trono brasileiro enquanto os pais visitavam a Europa, o Egito e partes do Império Otomano, como a Palestina. O casal de imperadores havia decidido viajar com os netos, filhos da princesa Leopoldina, que tinha falecido recentemente.[9] A decisão de sair temporariamente do país em meio à discussão de temas cruciais para o futuro do Império não agradou ao Parlamento; daí em diante, as ausências do imperador e a alienação da princesa regente seriam fontes constantes de críticas na Corte. Nas décadas de

O casal d'Eu durante sua lua de mel em Viena, em foto oferecida como presente à família Ribeiro de Avelar em 1865

Manuel Vieira Tosta e Maria José Velho de Avelar (Mariquinhas)
às vésperas do casamento, em 1869

1870 e 1880, a princesa ainda assumiria a regência do Império por duas outras vezes, passaria duas longas temporadas na Europa e daria à luz seus três filhos: Pedro Alcântara, em 15 de outubro de 1875, Luís Maria Filipe, em 26 de janeiro de 1878, e Antônio Gusmão Francisco, em 9 de agosto de 1881.

Nesse período, Mariquinhas já era dama efetiva de Sua Majestade a imperatriz e da princesa imperial condessa d'Eu. Seu esposo, Manuel Vieira Tosta, galgava importantes postos na burocracia imperial e no círculo próximo à família real: além de camarista da imperatriz,[10] foi juiz de direito, desembargador da Corte da Relação e procurador da Coroa, Soberania e Fazenda. O título de segundo barão de Muritiba com honras de grandeza viria em 13 de junho de 1888, e ele ainda seria nomeado conselheiro do imperador em fevereiro do ano seguinte.[11] Sem filhos, o casal Muritiba dividia seu tempo entre os afazeres na Corte e as temporadas em Petrópolis, sempre desfrutando da intimidade da princesa e do conde d'Eu. Os amigos faziam passeios e iam a eventos juntos. Em 1883, por exemplo, Mariquinhas, a princesa Isabel, o conde d'Eu e d. Eugênia, filha do visconde da Penha, foram visitar a fazenda Pau Grande, pertencente aos pais da primeira. Na ocasião, os hóspedes aproveitaram para andar a cavalo, descansar e tirar fotografias da paisagem. Em março do ano seguinte, Mariquinhas se apresentou no segundo concerto clássico ocorrido no salão do Hotel Cassino, em Petrópolis. Sobre o evento, sua mãe comentou:

> Os imperiais na retirada foram a Mariquinhas cumprimentá-la e a princesa abraçou-a, agradecendo-lhe porque foi ela que pediu a sua irmã que tocasse, para isso mandou a princesa vir um piano novo de cauda e de Eard, e esse ficará para os dois concertos que faltam.[12]

Sobre a rotina da filha, ela ainda escreveria: "Mariquinhas e o Tosta se demoram no Catete até o fim desta porque estão a banhar de mar".[13]

Concertos, passeios, banhos: quem observa as cenas pacatas de rotina doméstica e eventos sociais eternizadas em fotografias (como as reproduzidas aqui) poderia até imaginar um mundo em ordem impecável. Na realidade, o mundo de Isabel, Mariquinhas e Tosta estava de ponta-cabeça. Difícil saber quanto eles, que viviam em meio à fina flor da sociedade imperial, teriam se apercebido disso. Se lhes fosse perguntado, é possível que concordassem com o cronista teuto-brasileiro Carl von Koseritz, que em 1883 afirmou que o "Rio de Janeiro é o Brasil, e a rua do Ouvidor é o Rio de Janeiro",[14] fazendo referência ao logradouro que concentrava o comércio de luxo, as redações dos grandes jornais e, nas conversas de esquina, os homens que decidiam os rumos do país. Mas o fato é que nem era preciso ir muito longe da rua do Ouvidor para perceber que a sociedade imperial estava mudando, e rapidamente.

Acima: Maria José de Avelar Tosta, a princesa Isabel e Maria Amanda Paranaguá (Amandinha) na varanda da residência da princesa em Petrópolis, 1885. Embaixo: as três amigas na inauguração da v Exposição Hortícola e Agrícola, Petrópolis, 1882

Maria José de Avelar Tosta (em pé) e a princesa Isabel ao piano na sala do Palácio Laranjeiras, residência do casal d'Eu no Rio de Janeiro, 1885

A época

Se a década de 1860 conheceu grande prosperidade econômica graças à exportação de café, no plano internacional ela foi caracterizada pelo aumento das tensões entre o Brasil, os países vizinhos e seus principais parceiros, como a Inglaterra. Dez anos depois da assinatura da Lei Eusébio de Queirós, que havia proibido o tráfico atlântico de escravos, ainda pairava entre os ingleses a desconfiança de que, no Brasil, o tráfico continuava ilegalmente. Por causa desse e de outros enfrentamentos, a Grã-Bretanha rompeu relações internacionais com o país entre 1862 e 1865. Logo depois, os conflitos na região da bacia do rio da Prata, na fronteira sul do Império, que ocorriam pelo menos desde a década de 1820, chegaram a tal ponto que provocaram a chamada Guerra do Paraguai, ou Guerra da Tríplice Aliança (1864-70), iniciada um dia depois do casamento da princesa Isabel com o conde d'Eu.

Como se não bastasse a guerra em si, suficientemente lenta e desgastante, e que quase levou o país à bancarrota, seu fim tornou inevitável a discussão sobre o futuro da escravidão no país. Para aumentar o contingente militar, o Governo havia alforriado seus próprios escravos e premiado os cidadãos que libertassem os seus para lutarem na guerra. Nas fileiras do Exército, no front de batalha, soldados negros tiveram uma experiência inédita de exercício de cidadania, depois da qual não estavam dispostos, findo o conflito, a retornar à condição de cativos. Além disso, desde a abolição da servidão na Rússia, em 1861, e da escravidão nos Estados Unidos, em 1865, o Brasil ficara praticamente isolado na defesa do escravismo no Ocidente (em Cuba, ainda colônia espanhola, a abolição aconteceria em 1886).

Foi nesse quadro que, em abril de 1867, a pedido do imperador, o Conselho de Estado se reuniu para tratar da abolição da escravidão. Todos os conselheiros já haviam recebido a carta de Zacarias de Góis e Vasconcelos, presidente do Conselho dos ministros, na qual afirmava que

> o problema da extinção da escravatura no Brasil, visto o estado atual da opinião do mundo civilizado, requer da sabedoria e previdência dos altos poderes do Império o mais sério cuidado para que os acontecimentos, que vão acelerando por toda a parte o termo desse trato, hoje condenado sem reserva, não venham colher desprevenido o Governo em assunto tão grave e onde melhor que ninguém lhe cabe a iniciativa a fim de obviar grandes perturbações e desgraças.[15]

Império brasileiro e escravidão eram indissociáveis. Apesar de, à época da Independência, vozes isoladas terem veiculado a promessa de, um dia, findar o tráfico, e de o discurso nacional ter criado a ficção de que a escravidão era um mal necessário — como depois reforçaria cinicamente Paulino Soares de Souza, o último dos escravistas, "nunca houve neste país quem sustentasse em princípio a escravidão" —,[16] a verdade, conhecida por todos os contemporâneos, é que o Império cresceu e se expandiu na base do trabalho escravo. E os senhores do Vale do Paraíba, principal região produtora de café do mundo e maior aglutinadora de escravos do Império, foram um dos seus principais sustentáculos políticos e econômicos. Se o Império era o café e o café era o Vale, como se dizia no século XIX, "o Vale era o escravo", afirmou Ricardo Salles.[17]

Assim, mesmo com a pressão da Inglaterra pela abolição, o tráfico aumentava. Entre 1822 e 1830, entraram no país 476 841 indivíduos escravizados. Nas décadas seguintes, embora o "infame comércio" já estivesse formalmente proibido, o tráfico continuava ilegalmente. Até 1856, data do último desembarque oficialmente registrado, o número de africanos trazidos para o Brasil chegou a mais de 1 220 000 pessoas.[18]

Esse cenário fez do Brasil a maior e mais duradoura sociedade escravista das Américas. No Vale do Paraíba, os chamados barões se valiam de suas terras e de até centenas de escravos para conduzirem as relações com d. Pedro II e os negócios do Império. O tempo mostraria que, sem os cafeicultores escravistas, não haveria sustentação para a continuidade do regime monárquico no país. Foi por isso que, em fins da década de 1860, a crise que levou ao início do processo de emancipação dos escravos também marcou o princípio da derrocada do Império.

Daí que ninguém deve se enganar com a motivação da solicitação que fez o imperador ao Conselho de Estado, para que discutisse o futuro da chamada "questão servil": suas preocupações não fizeram dele, nem de longe, um abolicionista. Nem ele, nem nenhum membro da Monarquia brasileira. O que se deixava claro era a constatação de que os tempos haviam mudado: a opinião pública internacional condenava a escravidão e era preciso evitar que o tema tomasse maior fôlego na sociedade imperial brasileira. Temia-se que a escravidão no Brasil tivesse o mesmo fim que nos Estados Unidos, abolida depois de uma guerra civil que vitimou cerca de 650 mil pessoas.

É nesse sentido que deve ser compreendida a Lei do Ventre Livre, que, em 1871, além de outras providências, libertou todos os filhos de escravas nascidos no país a partir de então.[19] Ao proclamar a nova legislação sem, no entanto, alterar a condição dos pais, os governantes pretendiam garantir, ainda por algumas décadas, a sobrevivência da escravidão num mundo em que a instituição havia caducado por completo. Da parte dos grandes senhores de escravos, 1871 foi um divisor de águas. Apesar de encabeçada pelo Partido Conservador, que pretendia manter sob controle as rédeas do inevitável processo de emancipação, a lei desagradou a muitos proprietários, que nela viram uma interferência indevida nas relações privadas entre senhores e escravos (e não uma tentativa de alongar a existência da própria escravidão). Tal percepção foi fundamental para que, ao longo do tempo, a Coroa perdesse uma fatia importante de sua base de sustentação política.

Por outro lado, a década de 1870 foi marcada pelo acirramento das lutas dos próprios escravos por sua libertação, com o aumento do número de fugas, revoltas e protestos. A Lei do Ventre Livre previa que os escravos podiam usar suas próprias economias para comprar sua liberdade, o que possibilitou que muitos o fizessem e que contestassem seus senhores na Justiça, por meio de ações de liberdade, caso estes se recusassem a libertá-los.[20] Nas cidades como São Paulo, Salvador, Recife e, principalmente, Rio de Janeiro, o movimento abolicionista crescia entre escritores, estudantes, jornalistas, professores, advogados, médicos, militares e políticos. Muitos não se sentiam representados pelo jogo político tradicional, que alternava conservadores e liberais no poder, e compartilhavam das ideias republicanas que começavam a ser veiculadas em jornais como *A República*, que em dezembro de 1870 publicou, em seu primeiro número, o "Manifesto Republicano". A maioria militava em jornais e gazetas abolicionistas, promovia festas e eventos para arrecadação de fundos para alforrias e atuava em instituições como a Sociedade Brasileira contra a Escravidão ou a Confederação Abolicionista do Rio de Janeiro, fundadas, respectivamente, em 1880 e 1883.

Na década de 1880, a campanha antiescravista intensificou-se, tomando as ruas e angariando o apoio das massas urbanas, em larga medida composta de negros e mestiços, libertos, negros livres e escravizados. Na visão dos abolicionistas, a escravidão era a causa do atraso e da distância do país em relação às chamadas nações civilizadas. O jornalista e político negro José do Patrocínio, por exemplo, sempre encerrava seus editoriais com a frase: "A escravidão é um roubo e todo dono de escravos é um ladrão".[21] Esse período testemunharia ainda um cenário de desobediência civil generalizada, com a explosão das ações de contestação por parte dos escravizados, o aumento do número de assassinatos de senhores e feitores, a estruturação de quilombos urbanos e as ações de clubes de libertos e associações populares para açoitar escravizados fugitivos. O pânico de uma revolta escrava de grandes dimensões também contribuía para aumentar o clima de insegurança entre os proprietários.

Foi nesse cenário tenso que a chamada "questão servil" voltou à agenda parlamentar. Entre julho de 1884 e setembro de 1885, a Câmara discutiu o projeto de alforria dos escravizados maiores de sessenta anos, que deveriam trabalhar por mais três anos para seus ex-senhores como forma de indenização pela propriedade. As discussões foram tão intensas e os desacordos entre o presidente do Conselho dos Ministros e a Câmara tão grandes, que provocaram sucessivas crises políticas.

A Lei dos Sexagenários, como ficou conhecida posteriormente, exacerbou as atividades do movimento abolicionista, das fugas e das alforrias coletivas. Da parte dos grandes proprietários de terra, a lei foi sentida como um novo golpe do Estado contra seus interesses.[22]

Dois anos depois, a instituição escravista estava condenada, e o Império, em crise profunda. Escravizados fugiam em massa das fazendas, no que eram auxiliados pelos abolicionistas. O barão de Cotegipe, então chefe do Gabinete e conhecido conservador linha-dura, reprimiu a todos, inclusive os republicanos e os cadetes, alunos da Escola Militar, nem todos envolvidos na luta pela abolição. Ao longo de 1887, o gabinete Cotegipe alimentou vários conflitos com os militares republicanos. O cenário era de total incerteza política: as revoltas de escravos, as tropas escravistas que tentavam controlá-las, a desobediência civil abolicionista, os comícios republicanos e a insubordinação do Exército colocavam a Monarquia numa situação difícil. Para completar o quadro, a piora no estado de saúde do imperador, que sofria de diabetes, transformou a crise do Governo em crise do regime.[23] Enquanto cresciam os boatos de que d. Pedro II deveria ir à Europa para tratar-se, aumentavam as críticas ao possível Terceiro Reinado da princesa Isabel — que, também em passeio pela Europa, precisou voltar às pressas para assumir o lugar do pai.

Ao voltar de viagem, em junho de 1887, Isabel se viu dividida entre as preocupações para garantir a continuidade do Império, as rivalidades com o sobrinho — que, animado com a desconfiança pública com os nomes de Isabel e do conde d'Eu, disputava uma possível vaga de imperador — e as idas à igreja. Parecia não ter a mínima ideia do que se passava nas ruas: "Na ausência do imperador, a política naturalmente cochila", escreveu ela à condessa de Barral, sintomaticamente, em 14 de julho de 1887, enquanto republicanos celebravam em praça pública o aniversário da Revolução Francesa.[24] Ao mesmo tempo, nas fazendas da região cafeeira, continuavam as revoltas e as fugas de escravos, bem como a repressão contra elas. A pressão sobre a princesa era grande. Seu pai, no exterior, havia recebido a extrema-unção (ele ainda viveria por pouco mais de três anos). Sem grande popularidade nem tino político, ela hesitava em colocar a abolição na agenda do Governo, decepcionando os abolicionistas monarquistas, principalmente André Rebouças, amigo de longa data, que tentava persuadi-la a abraçar a causa.

Demorou a fazer isso. Só no início de 1888, quando a abolição já era dada como certa e inevitável, e até escravistas empedernidos começavam a libertar seus escravos incondicionalmente, na esperança de que continuassem trabalhando em suas fazendas, a princesa deu ouvidos a Rebouças e promoveu sua famosa Batalha das Flores, inspirada no Carnaval francês, percorrendo as ruas de Petrópolis com o marido e os filhos, pedindo donativos em prol dos escravos. Poucos dias depois, em nova carta à condessa de Barral, declarou ser a abolição "uma caridade grande", "que parecia estar no ânimo de todos". E finalizou: "Que Deus nos proteja, e que mais essa revolução ou evolução nossa se faça o mais pacificamente possível".[25]

Com a virada da princesa, o gabinete de Cotegipe, desgastado por todos os lados, em confronto direto com os militares e, agora, sem força moral, não resistiu. Já era março de 1888 quando a chamada *política do cacete* foi substituída pelo conservadorismo moderado de João Alfredo, político tarimbado nas discussões sobre o futuro da escravidão. O novo Gabinete assumiu com a constatação de que, para evitar convulsões sociais ainda maiores, não havia alternativa a não ser apresentar a proposta da extinção da escravidão no Brasil. No fim daquele mês, a princesa declarou Petrópolis livre e enviou ao novo Gabinete cópias dos projetos de lei de abolição e de "serviços rurais", ambos redigidos por André Rebouças, por quem a partir de então ela sempre se fez acompanhar.

Em maio de 1888, a abolição da escravidão foi votada em regime de urgência. O Parlamento aprovou, por 83 votos a favor e 9 contra, o projeto de lei que extinguia, sem indenização, a escravidão no Brasil. Já em clima de festa, Isabel ofereceu banquete a catorze escravos. No dia 13, desceu de Petrópolis para assinar a lei. Estava extinta a escravidão no Brasil.

Na mesma data, foram libertados os cerca de 700 mil escravos ainda existentes entre os 15 milhões de habitantes do Império. As festas e comemorações alastraram-se por diversos cantos do país. E a princesa viveu seu próprio conto de fadas: popular como nunca, a agora "Redentora" era aclamada nas ruas da Corte. Mas a recém-conquistada celebridade teve seu preço: com a abolição, Isabel viu ruírem seus planos de encabeçar o Terceiro Reinado no Brasil.

A abolição sem indenização de nenhuma espécie foi o golpe de misericórdia nas relações entre a Coroa e os proprietários do Vale do Paraíba, principalmente fluminense e do sul de Minas, resistentes a aderir à mão de obra livre. A Lei Áurea, assim denominada tão logo foi divulgada, marcou o desgaste final da Monarquia. Os cafeicultores passaram a engrossar o coro dos descontentes com os rumos da Monarquia no país.

Após a abolição, os republicanos permaneceram em campanha, defendendo a organização federativa e a ampliação da representação política dos cidadãos. Aliada a eles, a "mocidade militar" — a jovem oficialidade do Exército, em sua maioria egressos da Escola Militar da Praia Vermelha, no Rio de Janeiro, encantados com o positivismo e insatisfeitos com a contínua desvalorização da carreira militar — procurava angariar adeptos entre militares do primeiro escalão. Assim como os republicanos, os militares, afrontando a hierarquia da caserna, também reivindicavam direitos políticos. O movimento tinha ainda muitos apoiadores na sociedade civil: a imprensa republicana ecoava as demandas militares, defendendo que o Exército fosse constituído de "soldados cidadãos".

Ao longo de 1889, um grupo de republicanos decidiu não mais esperar pela morte do imperador, como até então se pretendia, para proclamar a República. Apesar de a ação não ter se desenrolado imediatamente — até porque setores do Parlamento ainda apoiavam a realização de reformas que contemplassem demandas republicanas, principalmente o estabelecimento de uma federação de províncias —, era cada vez maior o número de adesões à ideia de um movimento militar para pôr fim à Monarquia.

Ainda assim, não havia consenso, ou mesmo um plano prévio, de como deveria ser a República que defendiam. O fato é que, ainda que sem uma ideia explícita de como deveria ser o novo regime que defendiam, boa parte dos recém-convertidos ao republicanismo pretendia evitar a presença popular nas ruas, sempre insubordinada, sempre imprevisível. Nesse caso, o golpe que originou a República teria sido, como descreveu Renato Lemos, uma espécie de "contrarrevolução preventiva", visando preservar as estruturas sociais vigentes.[26] Teria sido graças a essa possível radicalização que o general Deodoro da Fonseca, conservador e amigo do imperador, foi convencido pelo major Sólon Ribeiro a aderir ao movimento: segundo este, se "uma revolução militar não fizesse a República, longe não estaria o dia de ver-se correr o sangue brasileiro em revolução popular".[27]

O ambiente ficaria cada vez mais tenso. Em novembro, por ocasião da visita dos oficiais da Marinha chilena, Benjamin Constant, líder da mocidade militar, atacou severamente o Governo. Procurado pelo líder republicano Quintino Bocaiuva, concordaram em radicalizar o movimento e conclamar os militares à ação. Acertada a participação de Deodoro, civis e militares ampliavam o movimento e planejavam a tomada do poder. Prevista inicialmente para o dia 16 de novembro e depois adiada para o dia 20, devido ao estado de saúde de Deodoro, a insurreição acabou sendo deflagrada na noite do dia 14, depois de os próprios membros do movimento fazerem circular boatos de que o Governo pretendia prender a liderança militar.

O fim da história já foi contado: reunida no quartel-general do Exército, no Campo de Santana, centro do Rio de Janeiro, a cúpula do Governo cercou-se de aproximadamente 2 mil homens. De madrugada, Deodoro da Fonseca e Benjamin Constant, à frente de cerca de mil homens, renderam, sem que houvesse nenhuma reação, as tropas de artilharia, da Marinha e da polícia, que logo se confraternizavam com os rebeldes. Alguns membros do Governo foram presos. A maioria foi liberada. Só foi ferido o ministro da Guerra, o barão de Ladário. Caía o Império brasileiro.

As narrativas

No dia seguinte ao da proclamação da República, as manchetes e descrições nos jornais do país variaram conforme a vinculação política. Para os monarquistas, havia sido um golpe; para os republicanos, uma revolução. Na coluna "O dia de ontem", o jornal *O Paiz* comemorava:

> Não podia ser mais imponente o aspecto que apresentavam as forças de terra e mar, formadas no Campo da Aclamação, desde o amanhecer, em frente ao quartel do primeiro, onde, situada a Secretaria de Guerra, conservava-se prisioneiro do povo e dos militares o gabinete decaído. [...] Ao ser comunicada ao povo e aos militares a queda do Ministério, levantaram-se aclamações de todos os lados à República brasileira e vivas estrepitosos, enquanto o parque de artilharia dava uma salva de 21 tiros [...]. O general Deodoro, o redator-chefe de *O Paiz*, sr. Quintino Bocaiuva, e o tenente-coronel Benjamin Constant foram então disputados pelo povo e pelos militares, que os carregaram em verdadeiro triunfo.[28]

A tônica principal era a derrubada da Monarquia, a prisão e a deposição do Gabinete ministerial. A versão desse e de outros jornais republicanos ressaltava a participação dos populares que acompanharam e saudaram os líderes civis e militares envolvidos, além do caráter pacífico e ordeiro da proclamação da República. Nessa versão, a Monarquia, caduca, havia sido deposta sem resistência.

Do outro lado, os ainda muitos simpatizantes do Império preferiram descrever o evento como confuso, improvisado e destituído de participação popular. Segundo eles, a maioria da população, pega de surpresa, acreditava estar assistindo simplesmente a mais uma queda de Gabinete. Para os monarquistas, o 15 de Novembro teria sido fruto da indisciplina das classes armadas, que, com o apoio de fazendeiros descontentes com a libertação dos escravos, deram um golpe de Estado. Nessa linha, o periódico *Novidades* buscava ressaltar a fragilidade do governo que se iniciava:

> A população desta cidade foi hoje, ao acordar, sobressaltada pela notícia de graves acontecimentos que se estavam passando no quartel-general do Exército, em ordem a despertar as mais sérias inquietações. Era assustador o aspecto que oferecia a praça da Aclamação, na parte em que se acha situado o referido Exército e circunvizinhanças. [...] A verdade, porém, é que o sr. ministro da Marinha se apresentou à porta do quartel-general, sendo-lhe impedida a entrada pelo sr. general Deodoro; respondendo o ministro que o Governo ia cumprir o seu dever, puxou dois revólveres, empunhando-os em posição de disparar. Nessa ocasião um praça do Exército disparou alguns

tiros que atingiram S. Ex. O sr. ministro caiu ferido, sendo transportado em braços para o Palacete Itamaraty. Seguiram para a praça da Aclamação o corpo policial da província do Rio e contingente do batalhão naval. Todo o movimento social da cidade acha-se paralisado. [...] O pânico anda no ar e nas consciências.[29]

Assim como a própria princesa, a baronesa e o barão de Muritiba também não estavam, evidentemente, alheios à disputa pela memória entre versões da proclamação da República. Mesmo no exílio, eles liam os jornais brasileiros, faziam comentários, externavam suas opiniões. Seus depoimentos, legitimados pela posição de testemunhas oculares da História, são uma clara tentativa de mostrar os fatos tais como, aos seus olhos, ocorreram. Nesse sentido, seus relatos não são propriamente diários, mas depoimentos que pretendiam, um dia, tornar públicos:

> Quando os primeiros dias de angústias são passados, o meu espírito e coração acabrunhados pela dor podem exprimir-se a não ser por lágrimas. Deixai-me, filhinhos, que lhes conte como se deu a maior infelicidade de nossa vida! — Princesa Isabel

> Começo pela véspera do infeliz dia 15 para que se veja bem em que tranquilidade de espírito se estava enquanto se prepara-

vam tão terríveis e desgraçados acontecimentos. — Baronesa de Muritiba

Termino aqui estas ligeiras notas, que oxalá possam ser de alguma utilidade, elucidando pontos talvez ainda hoje obscuros e relatando particularidades quiçá ignoradas. — Barão de Muritiba

Escritas para a posteridade, a semelhança entre as três versões não é casual. Embora redigidas em tempos diferentes, em conjunto elas dão mais credibilidade à narrativa monarquista do que a que teria, individualmente, cada relato. Ao mesmo tempo, a forma da narrativa e a construção dos papéis pessoais e sociais dos envolvidos diferenciam os textos de cada um. Seus autores editam suas próprias vidas, rearranjam vivências e experiências de modo a construírem uma imagem de si tal qual queriam que fosse perenizada no tempo.

O barão de Muritiba escreveu em 1913 o mais analítico e institucional dos três relatos, no qual seu papel político como conselheiro do imperador e sua posição social destacada são pontuados em vários momentos. Isabel, ao contrário, preferiu expor sentimentos e opiniões pessoais, chamando informalmente o imperador de papai e as pessoas de sua maior intimidade e convivência por seus apelidos, como Mariquinhas e Eugeninha:

> Não quis sair logo do Paço Isabel. Temi que, talvez não sendo as coisas como se dizia, não viessem mais tarde a acusar-nos de medo, do que, aliás, nunca dei provas.
>
> A ideia de deixar as amigas, o país, tanta coisa que amo, e que me lembra mil felicidades de que gozei, fez-me romper em soluços!!

A transcrição das memórias da princesa por Mariquinhas, realizada "diferentes vezes e diversas vezes", ajudava-a a rememorar os momentos em que também esteve presente. A repetição do ato e a intimidade entre as velhas amigas devem ter encorajado Mariquinhas a fazer alguns comentários em suas cópias. Provida da autoridade de testemunha, sentia-se confortável para complementar, a lápis, nas margens do texto principal:

> A princesa bem poderia acrescentar que chocava ver a diferença de atitude do tal comissário quando partiu e quando regressou.
>
> As autoridades de S. Vicente não aceitaram a bandeira republicana que levávamos por não ter sido ainda reconhecida pelo Governo português.

Já o texto de autoria da baronesa, escrito, como o da princesa, durante a viagem do exílio, procurava valorizar as pessoas presentes no Paço durante o 15 de Novembro. Sua preocupação em enumerá-las demonstra o significado do prestígio que era, para ela, compartilhar daquela intimidade, como ficará provado com a decisão de partir para a Europa com a família imperial. Sua narrativa leve não deixou passar despercebido o cotidiano familiar e feminino, característico da suposta boa sociedade imperial, que previa idas à igreja para a comunhão, banhos de mar, temporadas em Petrópolis, passeios a cavalo por Botafogo e preparativos para cerimônias públicas.

Embora qualquer um que olhasse pela janela ou lesse os jornais soubesse dos riscos que a Monarquia corria, os três preocupam-se em ressaltar a surpresa com a proclamação da República: "É incrível que não tivéssemos tido nós [...] o menor aviso!". O barão, então, estava muito ocupado para saber do que se passava: "[...] por minha parte, entregue de todo [ao] desempenho dos meus deveres de magistrado, eu estive longe de pensar que tão importantes acontecimentos se preparavam". A suposta surpresa revela uma das principais intencionalidades dos textos: a ênfase no caráter improvisado e caótico do movimento que gerou a República.

Tão importante quanto o que contam, portanto, é o que as três narrativas escondem. Está claro que, para a princesa e os barões, não houve crise política, não houve desgaste do Governo, não houve agitação social nos últimos anos do Segundo Reinado, muito menos rejeição a um Terceiro Reinado. Ao contrário: em seus relatos tristes e ressentidos, o golpe republicano não teria sido nada mais do que fruto de traição e falta de lealdade de alguns para com o imperador.

Mais impressionante — mas não surpreendente — é a ausência, nas três narrativas, de qualquer referência à escravidão ou à sua abolição. O único que a menciona é o barão, ainda que para reforçar não o evento em si, mas a ingratidão daqueles que antes aplaudiram as manifestações entusiásticas "que acompanharam a abolição da escravidão, o desfilar das tropas ao mando do marechal Deodoro que as passaram em frente da Princesa Redentora, [e] lhe atiravam aos pés ramalhetes de flores" e que agora aderiam à República.

Daquela que queria ser lembrada como "A Redentora", nem uma palavra sobre a abolição. O silêncio em suas notas sobre o episódio que marcaria sua posteridade demonstra que, talvez fruto de cálculo político, o abolicionismo da princesa não teria passado de estratégia para manter viva a possibilidade de um Terceiro Reinado. Agora sem esperanças, ignorando, desinteressada, como ocorreram as lutas pela abolição e o seu impacto na continuidade da Monarquia brasileira, a princesa e seus amigos ficavam, literal e simbolicamente, de costas para a população que os havia aplaudido.

Amigos e familiares da imperatriz Teresa Cristina em frente ao Hotel Séjour, em Cannes, após o seu velório, 1889. Na imagem, aparecem identificados: d. Augusto, (conde de) Alzejur, d. Pedro Augusto, d. Pedro, conde d'Eu, d. Antônio, S. M. o imperador, condessa d'Eu, baronesa (de) Muritiba, d. Luís, baronesa (de) Loreto, barão (de) Loreto, conde (de) Mota Maia, barão (de) Muritiba e conde de [ilegível]

O exílio

O navio *Alagoas* aportou em Lisboa no dia 9 de dezembro de 1889. Lá, o grupo dividiu-se. O casal d'Eu e seus filhos, os Doria e os Tosta seguiram em viagem para o Sul da Espanha, enquanto o casal d. Pedro II rumava para o Norte de Portugal. André Rebouças permaneceu em Lisboa, onde ainda ficaria por cerca de dois anos, trabalhando como correspondente do jornal *The Times*, de Londres.

A comitiva imperial, no entanto, logo voltaria a reunir-se. Debilitada pela viagem, a imperatriz Teresa Cristina faleceu ao chegar ao Porto, na madrugada do dia 28 de dezembro. Isabel e os demais retornaram a Portugal tão logo chegaram a Madri. Ao saírem do velório, a comitiva imperial foi de trem para Cannes, e lá o grupo posou para uma fotografia em frente ao Hotel Séjour.

Passaram os dias seguintes em Cannes, cidade posteriormente escolhida por d. Pedro e pelo casal d'Eu como moradia.[30] Na ocasião, os Tosta receberam visitas de Mariana Velho de Avelar (viscondessa de Ubá), de Julia Figueira de Mello (irmã de Mariquinhas) e dos filhos desta. Para tranquilizar os que haviam permanecido no Brasil, o casal Muritiba manteve o antigo hábito de enviar cartas (ou cartões-postais) e fotos tiradas em um estúdio fotográfico.

O mesmo hábito era compartilhado por outros membros da família imperial, como mostram as fotografias da coleção de

A princesa Isabel e Maria José de Avelar Tosta no exílio em Cannes, em 1890. A princesa Isabel, que assina como condessa d'Eu, ofereceu esta foto como presente à viscondessa de Ubá

Mariana Velho de Avelar. O imperador fez seu *cabinet size*[31] com o fotógrafo Emílio Biel e o assinou para enviá-lo à fazenda Pau Grande em março de 1890, mesma ocasião em que a princesa Isabel fez seu registro ao lado de seu filho mais novo, Antônio Eugênio Gusmão. A solidariedade entre Mariquinhas e a princesa Isabel ficou consolidada na imagem do fotógrafo Numa Blanc Fils, na qual as duas posicionam as mãos de modo que o efeito *flou* desenhasse um coração envolvendo as retratadas, reafirmando a amizade que vinha desde a infância.

Para quem estava acostumado aos luxos da Corte, a situação financeira no exílio não era exatamente confortável. O barão de Muritiba adiou a licença de seu cargo na magistratura o máximo que pôde, e os proventos familiares garantiam o sustento do casal. Já a família imperial encontrava outras dificuldades. Em 21 de dezembro de 1889, o Governo Provisório de Deodoro da Fonseca decretou oficialmente o banimento da família imperial do solo brasileiro, juntamente com a suspensão da pensão de 5 mil contos de réis — que já havia sido recusada pelo imperador —, e decretou que todos os bens da Coroa no Brasil fossem transferidos ou vendidos a terceiros em um prazo de até dois anos.

Isabel e o conde d'Eu, que já possuíam dívidas no Banco do Brasil, viviam da mesada que recebiam do duque de Némours, pai do conde d'Eu. Com a mesada, mudaram-se para Boulogne-sur-Seine, subúrbio de Paris, perto do palácio de

Em Cannes, o casal Muritiba frequentou os melhores estúdios e foi fotografado por Numa Blanc Fils. A *carte-de-visite* de Mariquinhas foi enviada a sua mãe com a seguinte dedicatória: "A minha muito querida mãe, saudosa lembrança de sua filha muito amiga — baronesa de Muritiba — 3 de maio de 1890"

Versalhes, onde passaram a morar na companhia dos três filhos, do casal Muritiba e de Eugênia Fonseca Costa, filha do visconde da Penha e sobrinha-neta da viscondessa de Fonseca Costa, dama e confidente da imperatriz Teresa Cristina. Com a morte do imperador d. Pedro II, em 7 de dezembro de 1891, Isabel recebeu metade dos bens e das propriedades da família no Brasil. A fortuna cresceu substancialmente com a herança do pai do conde d'Eu, que veio a falecer em 1896. Assim, adquiriram o Château d'Eu, que pertencera ao rei Luís Filipe, e viveram o resto de seus dias em considerável conforto, dividindo-se entre as duas residências, sempre na companhia do casal Muritiba.

Mariquinhas colecionaria muitas fotografias nessa etapa de sua vida, nas quais ela, o marido, Isabel, o conde d'Eu, junto com seus filhos e netos, aparecem gozando do conforto de uma vida típica da burguesia europeia. Viagens, passeios de carruagem, jardins, conversas à mesa e em varandas eram retratados com a despreocupação de quem sabia que nada abalaria a ordenação fundamental de sua vida: enquanto alguns serviam, eles, assim como os demais membros da elite brasileira, acreditavam que haviam nascido para ser servidos. E assim foi nos anos que passaram na França.

Aliás, não chega a causar espécie a ausência de menção, nos depoimentos, à criadagem que acompanhou a comitiva imperial. A exceção é a própria Mariquinhas, que, narrando o

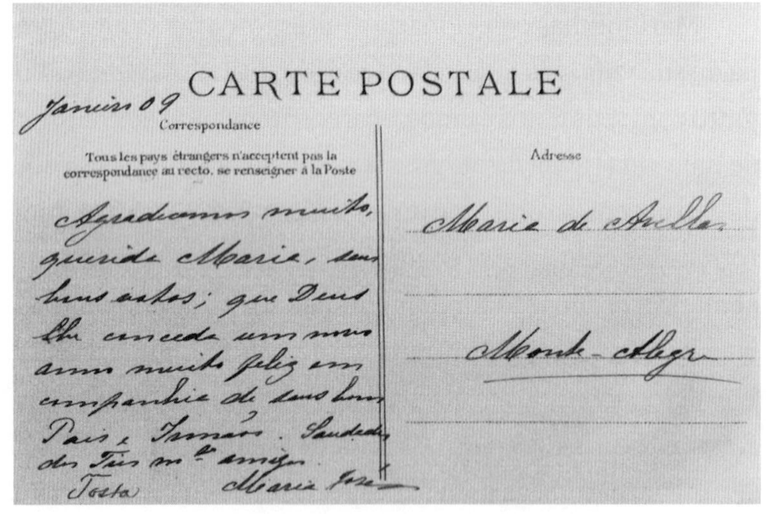

CARTE POSTALE

Janeiro 09

Correspondance

Tous les pays étrangers n'acceptent pas la correspondance au recto, se renseigner à la Poste

Agradecemos muito, querida Maria, seus bons actos; que Deus lhe conceda um novo anno muito feliz em companhia de seus bons Pais e Irmãos. Saudades dos Tios mto amigos. Tosta Maria José

Adresse

Maria de Avellar

Monte-Alegre

Cartão-postal do Château d'Eu enviado por Maria José Avelar Tosta a sua sobrinha Maria de Avelar com a dedicatória: "Agredecemos muito, querida Maria, seu bem-estar, que Deus te conceda um ano muito feliz em companhia de seus bons pais e irmãos. Saudades dos tios muito amigos. Tosta — janeiro 09"

O barão e a baronesa de Muritiba em 10 de dezembro de 1910,
aos 71 e aos 60 anos de idade

A princesa Isabel e o conde d'Eu com os netos nos jardins do Château d'Eu, década de 1910

dia em que ficaram sitiados no Paço, descreveu com amargura a proibição da entrada "até às pessoas do serviço doméstico". Receava ficar sem jantar.

O fim

A foto do casal d'Eu nos jardins do palacete de Boulogne-sur-Seine é de 1919. Em 3 de setembro do ano seguinte, o presidente Epitácio Pessoa assinaria o decreto que revogava o banimento da família imperial e incumbiria o Poder Executivo, mediante autorização da família, de transladar os despojos mortais de Pedro II e Teresa Cristina para o mausoléu a ser construído na catedral de Petrópolis, ainda inacabada. Apesar da permissão, Isabel não chegou a retornar ao Brasil. Faleceu em 14 de novembro de 1921, aos 75 anos, na véspera da comemoração dos 32 anos da República. Na coleção doada ao Arquivo Nacional pelos Vieira Tosta estão depositados dois folhetos fúnebres em sua homenagem e obituários publicados em revistas brasileiras, guardados pelos amigos. O conde d'Eu retornou ao Brasil depois de mais de vinte anos no exterior para acompanhar a repatriação dos restos fúnebres dos imperadores, que ficaram na capela de Nossa Senhora dos Passos, catedral do Rio de Janeiro, até a finalização da construção dos jazigos. Em sua viagem, foi acompanhado pelo casal Muritiba e pelo filho Pedro Augusto.

O ano de 1922 seria bastante difícil para a baronesa de Muritiba. Seu marido e o conde d'Eu morreram, respectivamente, em 5 e 28 de agosto, o primeiro no vapor *Bagé* e o segundo a bordo do navio *Massilia*, quando regressavam novamente ao país para participar das comemorações em homenagem ao centenário da Independência. Viúva e sem filhos, Mariquinhas passou a dedicar-se à conclusão da obra do mausoléu da família imperial na catedral de Petrópolis, para a qual organizou abaixo-assinados e uma lista de doações, entre elas a de suas próprias joias.

A baronesa de Muritiba faleceu no Brasil em 13 de julho de 1932, às vésperas de completar 81 anos. A República na qual viveu seus últimos anos era bastante diferente daquela que havia sido iniciada com seu exílio. Reconciliada com a Monarquia, em paz com a memória da família imperial, que não mais a ameaçava, a República da década de 1920 festejava o centenário da Independência como se houvesse uma continuidade natural entre esta e a República, e celebrava as transições que marcaram a história do Brasil até então como se todas tivessem sido pacíficas, sem confrontos e derramamento de sangue.

Em silêncio sobre os conflitos do passado, a República, assim como os *imperiais*, continuava de costas para o povo.

Em 1919, os casais D'Eu e Tosta foram mais uma vez ao mesmo estúdio para ser fotografados. Na foto, a baronesa e o barão de Muritiba em idade avançada

ANEXOS

Carta de despedida do conde d'Eu aos brasileiros a bordo do cruzador **Parnaíba**, *no ancoradouro da Ilha Grande*[1]

Aos brasileiros,

A todos os amigos que nesta terra me favoreceram com sua sincera e por mim tão prezada afeição, aos companheiros que há longos anos já partilharam comigo as agruras da vida de campanha, prestando-me inapreciável auxílio em prol da honra e da segurança da Pátria Brasileira, a todos os que na vida militar e na civil até há pouco se dignaram comigo colaborar, a todos aqueles a quem em quase todas as províncias do Brasil devo finezas sem número e generosa hospitalidade e a todos os brasileiros em geral um saudosíssimo adeus e a minha mais cordial gratidão.

Não guardo rancor de ninguém e não me acusa a consciência de ter cientemente a ninguém feito mal.

Sempre procurei servir lealmente ao Brasil na medida de minhas forças.

Desculpo as acusações menos justas e os juízos infundados de que por vezes fui alvo.

A todos ofereço a minha lisa vontade, em qualquer ponto a que o destino me leve.

Com a mais profunda saudade e intenso pesar afasto-me deste país ao qual devi no lar doméstico ou nos trabalhos públicos tantos dias felizes e momentos de imorredoura lembrança. Nestes sentimentos acompanharam-me minha muito amada esposa e meus tenros filhinhos, que debulhados em lágrimas conosco empreendem hoje a viagem do exílio. Prezo a Deus que mesmo de longe ainda me seja dado ser alguma causa útil aos brasileiros e ao Brasil.

Bordo do cruzador *Parnaíba*,
no ancoradouro da Ilha Grande
em 17 de novembro de 1889.
Gastão de Orléans

***Carta da princesa Isabel para Eugeninha, a bordo do* Alagoas, *despedindo-se e solicitando notícias*[2]**

Bordo do *Alagoas*, 26 de novembro de 1889.

Querida queridíssima,

É de todo coração e bem devidamente que assim começo esta cartinha. Querida queridíssima!! A bem poucas tenho dado este apelido, seu coração de ouro, querida Eugeninha, sua amizade a toda prova o conquistou para sempre. O que lhe dizer mais?! Senão o que você sabe! Senão o que você adivinha!

Felizmente as duras emoções por que passamos não abalarão as saúdes, senão a imaginação do meu sobrinho que até agora só vê ciladas e horror à roda nossa. Foi um complemento de amargura sobretudo nos primeiros dias, em que tivemos sérios receios para seu juízo.[3]

Quando tomamos notícias dos que deixamos!

Quantas lágrimas derramadas cá e lá!!

O meu alívio é falar de tudo e de todos com quem tudo compreende e compartilha.

Mil beijos, mil abraços e mil saudades para vocês todos!

Sua muito, muito, muito de coração

Isabel condessa d'Eu.

O 15 de Novembro e o exílio da família imperial no jornal **O Paiz**[4]

16 de novembro

PROCLAMAÇÃO

Concidadãos!

O povo, o Exército e a Armada nacional, em perfeita comunhão de sentimentos com nossos concidadãos residentes nas províncias, acabam de decretar a deposição da dinastia imperial e consequentemente a extinção do sistema monárquico representativo.

Como resultado imediato desta revolução nacional, de caráter essencialmente patriótico, acaba de ser instituído um Governo Provisório, cuja principal missão é garantir com a ordem pública a liberdade e os direitos dos cidadãos.

Para comporem esse Governo, enquanto a nação soberana, pelos seus órgãos competentes, não proceder à escolha do Governo definitivo, foram nomeados pelo chefe do Poder Executivo da nação os cidadãos abaixo-assinados.

Concidadãos!

O Governo Provisório, simples agente temporário da soberania nacional, é o governo da paz, da liberdade, da fraternidade e da ordem.

No uso de suas atribuições e faculdades extraordinárias de que acha investido pela defesa da integridade da pátria e da ordem pública, o Governo Provisório, por todos os meios a seu alcance, promete e garante a todos os habitantes do Brasil, nacionais e estrangeiros, a segurança da vida e da propriedade, o respeito aos direitos individuais e políticos, salvas, quanto a estes, as limitações exigidas pelo bem da pátria e pela legítima defesa do Governo proclamado pelo povo, pelo Exército, pela Armada nacional.

Concidadãos!

As funções da Justiça ordinária, bem como as funções da administração civil e militar, continuarão a ser exercidas pelos órgãos até aqui existentes, com reação aos atos na plenitude de seus efeitos, com relação às pessoas, respeitadas as vantagens e os direitos adquiridos por cada funcionário.

Fica, porém, abolida desde já a vitaliciedade do Senado e bem assim abolido o Conselho de Estado. Fica dissolvida a Câmara dos Deputados.

Concidadãos!

O Governo Provisório reconhece e acata todos os compromissos nacionais contraídos durante o regime anterior, os tratados subsistentes com as potências estrangeiras, a dívida pública externa e interna, os contratos vigentes e mais obrigações legalmente estatuídas.

Marechal Manuel Deodoro da Fonseca — chefe do Governo Provisório

Aristides da Silveira Lobo — ministro do Interior

Ruy Barbosa — ministro da Fazenda e anteriormente da Justiça

Tenente-coronel Benjamin Constant Botelho de Magalhães — ministro da Guerra

Chefe de esquadra Eduardo Wandenkolk — ministro da Marinha

Quintino Bocaiuva — ministro das Relações Exteriores e interinamente da Agricultura, Comércio e Obras Públicas

Dr. Campos Sales — ministro da Justiça

Dr. Demétrio Ribeiro — ministro da Agricultura

Foram nomeados:

Chefe de polícia — Dr. Sampaio Ferraz

Governadores de estado:

Minas — Cesário Alvim

Rio de Janeiro — Francisco Portela

Diretor do Diário Oficial — Júlio Borges Diniz

O DIA DE ONTEM

Tão brusca foi a impressão produzida pelo aspecto do dia de ontem, tão rapidamente se sucederam os acontecimentos e tão desencontradas as notícias dos fatos, que muito difícil se torna oferecer aos leitores um noticiário circunstanciado do grande número de incidentes que se deram durante o movimento.

Entretanto, como é nosso dever empregar todos os esforços para bem servir o público, aí vão os nossos apontamentos, coordenados tanto quanto possível, e escritos à proporção que nos fornecia a reportagem.

É possível que alguma lacuna se encontre, mas esperamos que não seja ela tão sensível, que importando a falta de valiosa informação, torne o leitor pouco a par da verdade dos fatos.

NO CAMPO DA ACLAMAÇÃO

Não podia ser mais imponente o aspecto que apresentavam as forças de terra e mar, formadas no Campo da Aclamação, desde o amanhecer, em frente ao quartel das primeiras, onde, situada a Secretaria da Guerra, conservava-se prisioneiro do povo e dos militares o Gabinete decaído.

Em constante evolução, ao mando do general Deodoro da Fonseca, viam-se o 1.º e o 9.º regimentos de cavalaria, 2.º regimento de artilharia de campanha, 1.º, 7.º, 10.º batalhões de infantaria, corpos de Imperiais Marinheiros e Navais, corpos de alunos das escolas militares da Praia Vermelha e Superior de Guerra, corpo de bombeiros e corpos de polícia da Corte e província do Rio.

Ali permanecendo durante horas, senhora da praça, a força levantava sucessivos vivas à liberdade, à nação brasileira, no Exército e Armada, à República salvadora.

Cerca de nove horas da manhã, à intimação do povo e do Exército, o Gabinete declarou-se demitido, pedindo o sr. visconde de Ouro Preto ao general Deodoro garantia para a sua pessoa e de seus colegas.

O sr. general respondeu-lhe que o povo e o Exército não ofenderiam cidadãos destituídos do Governo e que os ex-ministros podiam se retirar na maior tranquilidade, como aconteceu.

Ao ser comunicada ao povo e aos militares a queda do Ministério, levantaram-se aclamações de todos os lados à República brasileira e vivas estrepitosos, enquanto o parque de artilharia dava uma salva de 21 tiros, com os canhões Krupp assestados para a Secretaria de Guerra.

O general Deodoro, o redator chefe de *O Paiz*, sr. Quintino Bocaiuva, e o tenente-coronel Benjamin Constant foram então disputados pelo povo e pelos militares, que os carregaram em verdadeiro triunfo.

BARÃO DE LADÁRIO

Às sete da manhã, o sr. barão de Ladário atravessava em *coupé* o Campo da Aclamação, canto da rua de S. Lourenço, para dirigir-se ao edifício do quartel do 1.º de infantaria, onde estavam já prisioneiros da força do Exército e Armada os seus ex-colegas de Gabinete.

Reconhecendo-o, o sr. general Deodoro ordenou ao oficial às suas ordens que o intimasse a recolher-se preso a sua ordem.

Parando o *coupé*, pela oposição que o povo ofereceu-lhe, o sr. barão de Ladário abriu a portinhola e saltou, recebendo do oficial a ordem aludida.

A ela respondeu o ex-ministro da Marinha tirando de um revólver, que desfechou contra quem o intimava.

Mas a arma negou fogo, e, antes que o sr. Ladário a disparasse de novo, em defesa de sua vida, o oficial também tirou de um revólver sucessivamente disparado.

Neste momento o povo e praças de vários corpos vieram sobre o ex-ministro, que estava já por terra e ferido, valendo-lhe o aludido oficial, que não consentiu o tocassem.

Transportado pouco depois numa padiola para o palacete do finado conde de Itamaraty, na rua Larga de S. Joaquim, o sr. dr. João Cancio deu os primeiros cuidados ao ferido.

Do Arsenal de Marinha chegou em seguida uma padiola carregada por quatro remadores, na qual o sr. barão de Ladário foi transportado para a sua residência.

Nesse trajeto acompanharam-no o primeiro-tenente Castro e Silva e o segundo-tenente Pinheiro Hess.

Novos socorros médicos foram prestados ao ferido em sua casa, pelos dr.s José Pereira Guimarães e o primeiro-cirurgião da Armada Guilherme Ferreira dos Santos.

Ao meio-dia afixamos à porta do nosso escritório o seguinte boletim, que obsequiosamente nos enviou o ilustre cirurgião sr. dr. barão de Pedro Afonso, e que descreve os ferimentos do barão de Ladário:

> Chamado a examinar o sr. barão do Ladário, acudi prontamente, mas já ali encontrei o dr. João Pereira Guimarães, que fez curativos.
>
> O sr. Ladário tem:
>
> Uma ferida contusa na testa, duas feridas na coxa esquerda e contusões na perna do mesmo lado e um ferimento por bala na região sacroilíaca direita.

Todos os ferimentos são leves, exceto o da região sacroilíaca, que, entretanto, não é grave e deve terminar pela cura.

O estado geral do doente é excelente — Rio, 14 de novembro de 1889 — barão de Pedro Afonso.

NO PAÇO DA CIDADE

Às onze horas da manhã o sr. visconde de Ouro Preto telegrafou a Sua Majestade o imperador, que se achava em Petrópolis, chamando-o à Corte imediatamente.

Ao meio-dia e um quarto, o sr. d. Pedro II, acompanhado de Sua Majestade a imperatriz e seus semanários, tomaram o trem da estrada de ferro Príncipe do Grão-Pará, chegando à estação de S. Francisco Xavier às duas horas da tarde. Dali seguiram em coche para o paço da cidade, onde chegaram às três horas.

Alguns minutos mais tarde também chegaram os sr.s conde e condessa d'Eu, que se fizeram transportar por mar até o cais Pharoux.

Às quatro horas da tarde compareceu no Paço o sr. visconde de Ouro Preto em companhia do sr. barão de Miranda Reis.

A sua conferência com o sr. d. Pedro II durou apenas cinco minutos, pedindo o sr. visconde de Ouro Preto a demissão coletiva do Ministério.

Manifestou então o imperador desejos de conferenciar com o sr. senador Silva Martins.

Sendo-lhe informado que se não achava na Corte, disse que queria conferenciar com o sr. marechal Deodoro da Fonseca, que ficou de ir ao paço às seis horas da tarde.

A família imperial jantou no Paço às cinco horas da tarde, sendo o serviço fornecido pelo Hotel do Globo.

O sr. barão de Loreto esteve no Paço às seis horas e às seis e meia chegaram o barão e a baronesa de Muritiba, barão de Miranda Reis, conde de Aljezur e almirante marquês de Tamandaré.

Ao ter notícia em Petrópolis do ferimento do sr. barão de Ladário, o sr. d. Pedro II telegrafou pedindo notícias, e no paço da cidade por diversas vezes pediu informações, manifestando-se muito aflito pelo acontecimento.

A guarda do paço foi confiada a uma força de setenta praças do 10.º batalhão de infantaria, com ordens terminantes de negarem entrada a quem quer que fosse.

FORÇAS DE MAR

O batalhão naval desembarcou às seis horas da manhã, por ordem do sr. barão do Ladário e ao mando do capitão-tenente

Quintino Francisco da Costa, para isso designado pelo próprio ex-ministro da Marinha.

Seguindo para o Campo da Aclamação, onde já estava postada toda a força do Exército, ficou o corpo sob as ordens do general Deodoro, formando a retaguarda da tropa de linha.

Pouco tempo depois apareceram os sr.[s] capitão de fragata Alvarim Costa e capitão-tenente Pestana, comandante e major dos Navais, que assumiram os seus postos.

De volta do Campo, depois de percorrer várias ruas, aclamado pelo povo compacto em todos os pontos, o Exército estendeu-se em linha, que abrangeu toda a rua Primeiro de Março, dando o contro para o desfilar do corpo de Imperiais e batalhão naval, que ininterruptamente foram saudados pelos seus irmãos de armas.

No Arsenal de Marinha, antes de tomarem os seus quartéis, formaram as forças de mar e ali compareceu o bravo major Benjamin Constant, que declarou aos Imperiais e Navais agradecer, em nome do general Deodoro, o auxílio material e moral que os dois corpos tinham prestado ao Exército, confraternizando para que a compressão exercida contra os militares baqueasse diante da dignidade dos soldados brasileiros, que nunca mais se apartariam.

—

No Arsenal de Marinha o general Deodoro entendeu-se com o respectivo inspetor, chefe de divisão Foster Vidal, para que mandasse abrir o portão do estabelecimento e retirar a força de Imperiais, que formava do lado externo, o que foi feito.

—

O povo, encontrando no Arsenal o chefe de divisão Wandenkolk, carregou-o em braços e levou-o até a presença do general Deodoro. A força do corpo de Imperiais que deu desembarque esteve sempre ao mando do seu segundo-comandante, capitão-tenente Gaspar da Silva Rodrigues. Toda a força de mar desembarcou armada e devidamente municiada.

O DESFILAR DAS TROPAS

Cerca de uma hora da tarde as forças partiram do Campo da Aclamação pelo lado da Câmara Municipal, percorrendo a rua Visconde do Rio Branco, praça da Constituição, rua do Teatro, largo de S. Francisco de Paula, ruas do Ouvidor e Primeiro de Março.

À frente da tropa vinham os sr.[s] general Deodoro, Quintino Bocaiuva, tenente-coronel Benjamin Constant e grande número de oficiais, dos quais muitos da Guarda Nacional.

Das janelas e sacadas, das portas e ruas era saudada a força do modo mais entusiástico, com palmas e vivas, com acenos de lenços e bandeiras.

Na rua do Ouvidor, discursaram brilhantemente de várias janelas os sr.[s] dr.[s] Silva Jardim e Aristides Lobo e o nosso colega da cidade do Rio sr. José do Patrocínio.

NA CÂMARA MUNICIPAL

Os sr.[s] vereadores estiveram reunidos das dez horas da manhã até às três horas da tarde, sob a presidência do sr. dr. Ferreira Nobre.

Cerca de três da tarde, chegou ao mesmo edifício o sr. vereador José do Patrocínio, acompanhado do povo, e imediatamente foi votada a seguinte representação:

> Exmo.[s] sr.[s] representantes do Exército e da Armada nacionais — temos a honra de comunicar-vos que, depois da gloriosa e nobre resolução que *ipso facto* depôs a Monarquia brasileira, o povo, por órgãos espontâneos e pelo seu representante legal nesta cidade, reuniu-se no edifício da Câmara Municipal, e, na forma da lei ainda vigente, declarou consumado o ato de deposição da Monarquia e, ato seguido, o vereador mais moço, ainda na forma da lei, proclamou como nova forma de governo do Brasil a República.

Atendendo ao que, os abaixo assinados esperam que as patrióticas classes militares sancionem a iniciativa popular, fazendo imediatamente decretar a nova forma republicana do Governo nacional.

Rio de Janeiro, 15 de novembro de 1889.

Votada a representação, orou o sr. dr. Silva Jardim.

Houve um momento em que o povo pretendeu despedaçar os retratos dos sr.s d. Pedro I, d. Pedro II e da sr.a condessa d'Eu, mas usou da palavra o dr. Lopes Trovão, que aconselhou aos republicanos que não mareassem a sua vitória despedaçando os retratos.

Imediatamente foi acolhida a ideia no meio de aplausos e o povo retirou-se em completa ordem.

GOVERNO PROVISÓRIO

O Governo Provisório, instalado ontem, compõe-se dos cidadãos Quintino Bocaiuva, marechal Deodoro da Fonseca e tenente-coronel Benjamin Constant Botelho de Magalhães.

A POLÍCIA

Por delegação do Governo Provisório, ontem constituído, assumiu o cargo de chefe de polícia da Corte o sr. capitão do estado-maior de artilharia Vicente Antônio do Espírito Santo.

O sr. conselheiro Basson, ao receber comunicação daquele oficial, entregou-lhe o exercício do cargo, reunindo os dr.s delegados, secretário e pessoal da repartição, a quem comunicou o ocorrido, apresentando-se ao capitão Espírito Santo.

Pouco depois disso retirou-se o sr. conselheiro Basson, acompanhado dos dr.s delegados.

Durante a madrugada de ontem, quando começou o movimento que descrevemos, foram fechadas todas as estações policiais, sendo o seu pessoal recolhido ao quartel, donde seguiu ao amanhecer para o Campo de Santana, aí alistando-se ao Exército e Armada.

Ontem uma hora da tarde foram reabertos os postos policiais, voltando a força ao seu serviço ordinário.

Ontem mesmo foram nomeados para exercer os cargos de primeiro e terceiro delegados de polícia, interinamente, o major Cândido José de Siqueira Campelo, chefe da seção da secretaria, e o capitão do Exército Austrelino Villarin.

OS FILHOS DOS CONDES D'EU

Os filhos dos condes d'Eu foram ontem conduzidos pelo seu aio, o sr. barão de Ramiz Galvão, para bordo do couraçado *Riachuelo*, embarcando em uma lancha a vapor na praia do Morro da Viúva (Botafogo).

À tarde partiram para Petrópolis.

EM NITERÓI

Às cinco horas da manhã o corpo militar de polícia tocou a reunir, partindo para a Corte, sob o comando do major Deschamps, o primeiro contingente, composto de 130 praças.

Às dez e meia partiu com o mesmo destino o segundo contingente de 100 praças, sob as ordens do comandante do corpo, o sr. Honório Lima.

Mais tarde partiu um terceiro contingente de 40 praças sob as ordens do alferes Sodré.

À uma hora da tarde, toda a força de polícia, já então sob o comando do tenente-coronel Fonseca e Silva, desembarcou na ponte de Niterói dando vivas à República, no que foi acompanhada pelo povo, que percorreu todas as ruas no meio de grande entusiasmo.

Ao chegar ao quartel do corpo, o sr. conselheiro Carlos Afonso, ex-presidente da província do Rio de Janeiro, interpelou os oficiais, perguntando-lhes se reconheciam o novo comandante.

A polícia prorrompeu em vivas ao tenente-coronel Fonseca e Silva e à República.

Com a partida do corpo de polícia para a Corte, a guarda dos edifícios públicos esteve sob a vigilância de paisanos, que apenas tinham cinturão e espingarda.

Os recrutas da Guarda Nacional apresentaram-se descalços, com paletós de brim e chapéu de palha, indo um contingente deles para a fortaleza Gragoatá.

COMÉRCIO E REPARTIÇÕES

Logo que ficou conhecido o movimento, o comércio fechou as suas portas e as repartições públicas suspenderam o seu expediente.

PRISÃO DE EX-MINISTRO

Às seis e meia da tarde, sabendo o bravo general Deodoro que o visconde de Ouro Preto, reunido a amigos numa casa na rua da

Ajuda, deliberava sobre a organização de um Gabinete liberal, ordenou ao coronel Germano de Andrade Pinto, comandante do corpo de polícia, que com um piquete prendesse-o.

A detenção foi efetuada e, escoltado por uma força, o sr. visconde de Ouro Preto recolheu-se ao estado-maior do 1.º regimento de cavalaria, em São Cristóvão.

A prisão foi feita pelo tenente de estado-maior Fernando Augusto da Veiga e dr. Teixeira de Carvalho.

NAS RUAS

Durante todo o dia e até alta hora da noite o povo percorreu as ruas do centro da cidade, formando diversos grupos precedidos de banda de música.

Expansiva em seu entusiasmo a população erguia vivas e saudações à imprensa livre, aos bravos do Exército e Armada, ao general Deodoro, a Quintino Bocaiuva, ao *O Paiz* e à República brasileira.

Um fato notável convém aqui acentuar: ao nosso conhecimento não chegou notícia alguma sobre qualquer conflito ou ferimento.

Pacífico e ordeiro, aspirando à liberdade, o povo fluminense proclamou a transformação do seu Governo, sem regar a sua vitória com o sangue irmão e amigo.

—

Às sete horas da noite um oficial de cavalaria percorreu as ruas da cidade dirigindo a seguinte proclamação:

"O general Deodoro manda dizer que o povo pode ficar tranquilo. A cidade está entregue à guarda do 7.º batalhão de infantaria e morrerá o ousado que tentar arrombar a porta."

18 de novembro

A NOVA PÁTRIA

MENSAGEM A PEDRO

É esta mensagem textual que o chefe do Governo Provisório dirigiu anteontem ao sr. d. Pedro de Alcântara, solicitando a sua retirada e de sua família do território brasileiro:

> Senhor — os sentimentos democráticos da nação, há muito tempo preparados, mas despertados agora pela mais nobre reação de caráter nacional contra o sistema de violência, de corrupção, de subversão de todas as leis exercidas num grau incomparável pelo Ministério de 7 de junho, a política sistemática de atentados do Governo imperial nestes últimos tempos, contra o Exército e a Armada, política odiosa à nação e profundamente repelida por esta, o esbulho dos direitos dessas duas classes que, em todas as épocas, têm sido entre nós a defesa da ordem, da Constituição, da liberdade e da honra da pátria, a intenção manifestada nos atos de vossos ministros

e confessada na sua imprensa, de dissolvê-las e aniquilá-las, substituindo-as por elementos de compressão oficial, que foram sempre, entre nós, objeto de horror para a democracia liberal — determinaram os acontecimentos de ontem, cujas circunstâncias conheceis e cujo caráter decisivo certamente podeis avaliar.

Em face desta situação, pesa-nos dizer-vos-lo, e não fazemos senão em cumprimento do mais custoso dos deveres, a presença da família imperial no país, ante a nova situação que lhe criou a resolução irrevogável do dia 15, seria absurda, impossível e provocadora de desgostos, que a salvação pública nos impõe a necessidade de evitar.

Obedecendo, pois, às exigências urgentes do voto nacional, com todo o respeito devido à dignidade das funções públicas que acabais de exercer, somos forçados a notificar-vos que o Governo Provisório espera do vosso patriotismo o sacrifício de deixardes o território brasileiro com a vossa família no mais breve tempo possível.

Para esse fim se vos estabelece o prazo máximo de 24 horas, que contamos não tentardes exceder.

O transporte vosso e dos vossos para um porto na Europa ocorrerá por conta do Estado, proporcionando-vos para isso o Governo Provisório um navio com guarnição militar precisa, efetuando-se o embarque com a mais absoluta segurança da vossa pessoa e de toda a vossa família, cuja comodidade e saúde serão zeladas com o maior desvelo na travessia e continuando-se a contar-vos a dotação que a lei vos assegura, até que sobre esse ponto se pronuncie a próxima Assembleia Constituinte.

Estão dadas todas as ordens a fim de que se cumpra esta deliberação.

O país conta que sabereis imitar na submissão aos seus desejos o exemplo do primeiro imperador em 7 de abril de 1831 — Rio, 16 de novembro de 1889 — Manuel Deodoro da Fonseca.

RESPOSTA DO EX-IMPERADOR

À vista da representação que me foi entregue hoje, às três da tarde, resolvo, cedendo ao império das circunstâncias, partir com toda a minha família para a Europa amanhã, deixando esta pátria de nós estremecida, à qual me esforcei por dar constantes testemunhos de entranhado amor e dedicação durante quase meio século em que desempenhei o cargo de chefe do Estado.

Ausentando-me, pois, eu, com todas as pessoas da minha família, conservarei do Brasil a mais saudosa lembrança, fazendo ardentes votos por sua grandeza e prosperidade.

Rio de Janeiro, 16 de novembro de 1889.

D. Pedro de Alcântara

D. PEDRO DE ALCÂNTARA

Deposta a coroa, o sr. d. Pedro de Alcântara e sua família resolveram anteontem retirar-se do Brasil, no sentido da mensagem que lhe foi dirigida.

Tudo combinado, estabelecida a forma de partida e o navio que devia conduzi-los, o sr. d. Pedro e sua família saíram do Paço às três horas e um quarto da madrugada, para embarcar no cais Pharoux.

O sr. d. Pedro de Alcântara, a imperatriz, a sr.ª d. princesa Isabel, seu esposo e d. Pedro Augusto transportaram-se num carro até o cais, guardando as portinholas do veículo os sr.s coronel Mallet e o tenente-general Miranda Reis.

O sr. dr. Mota Maia, almirante Tamandaré, dama baronesa Fonseca Costa, aias ao serviço da imperatriz d. Lividia Esposel e Joana Moura seguiram a pé até o lugar de embarque.

Precediam o préstito os alunos da Escola Superior de Guerra, segundos-tenentes Antônio José Vieira Leal e José Rafael Alves de Azambuja, alferes João Batista da Mota e Afonso Deligorio Doria, todos em primeiro uniforme.

Logo depois seguia uma escolta de quatro artífices do Arsenal de Guerra.

Por ocasião do embarque o largo do Paço mantinha-se isolado, ali vendo-se apenas os praças de serviço de policiamento.

No cais Pharoux embarcaram o sr. d. Pedro e a sua família e comitiva descrita numa lancha a vapor, que já os aguardava, tendo a bordo um piquete ao mando de um oficial.

Levados até a bordo do cruzador *Parnaíba*, a oficialidade deste navio recebeu a família do sr. d. Pedro com todas as provas de respeito e consideração.

Deste vaso de guerra regressaram então para terra o coronel Mallet, general Miranda Reis, piquete e alunos da Escola Superior de Guerra.

—

Mais tarde, desembarcou também do *Parnaíba* o sr. almirante Tamandaré.

—

Pouco antes do amanhecer, vieram de Petrópolis, em trem especial, os filhos do sr. conde d'Eu, que foram logo levados para o cruzador *Parnaíba*.

—

Deixou este navio o porto às nove horas da manhã, com destino à Ilha Grande, onde aguardou a chegada do paquete nacional *Alagoas*, fretado pelo Governo Provisório para conduzir o sr. d. Pedro e sua família a Lisboa e que foi provido largo e luxuosamente de tudo quanto pudesse servir aos cômodos e passadio dos viajantes.

—

O paquete *Alagoas*, levando já içada a flâmula republicana, saiu à uma hora e meia da tarde. O *Parnaíba*, com a família imperial, condes de Aljezur e Mota Maia, barão e baronesa de Muritiba, saiu às dez horas da manhã.

Às cinco horas suspendeu do porto o couraçado *Riachuelo*, designado para comboiar o paquete *Alagoas*, ao qual deve deixar logo que for transposta a linha do equador.

Ao *Alagoas* foi determinado não poder tocar em porto algum dos Estados Unidos do Brasil, demorando-se unicamente em S. Vicente o tempo indispensável para receber combustível.

—

O conde de Aljezur, o barão e baronesa de Muritiba, desconhecendo a hora do embarque do sr. d. Pedro, deixaram por isso de acompanhá-lo.

—

A bagagem do sr. d. Pedro e família, composta unicamente dos objetos de uso mais indispensáveis, embarcou no Arsenal de Marinha.

—

Cerca do meio-dia, compareceram no Arsenal de Marinha as seguintes pessoas, que pediram ao sr. inspetor condução para irem a bordo do vapor *Alagoas*, onde se achavam o sr. d. Pedro de Alcântara e sua família:

Dr. Serafim Muniz Barreto e sr.ª, marquês de Paranaguá e família, ministros oriental,[5] argentino e chileno e o encarregado dos negócios da Rússia.

—

O cruzador *Parnaíba* deve regressar hoje ao porto.

—

Como procurador e encarregado de todos os interesses particulares do sr. d. Pedro de Alcântara, ficou nesta capital o sr. visconde de Nogueira da Gama.

—

Os grandes valores contidos no Paço de São Cristóvão ficaram sob a guarda e responsabilidade do sr. Eduardo Paixão, auxiliado por toda a criadagem que estava ao serviço do sr. d. Pedro e família e que do Paço não saem.

Tais valores já estão sendo arrolados.

—

O sr. d. Pedro de Alcântara pretende continuar a dar, ainda que reduzidos, os ordenados dos criados e aposentados do seu serviço.

—

A guarda externa do Paço de São Cristóvão está confiada a um piquete de cavalaria.

—

O Paço da Cidade foi fechado, logo depois do embarque do sr. d. Pedro e família.

—

Foi ontem inventariada por um oficial do 1.º regimento da cavalaria a cavalhada do serviço do Paço.

BENS DA DINASTIA DEPOSTA

Não tendo sido comunicada ao Governo Provisório a indicação da pessoa que por parte do ex-imperador e dos príncipes condes d'Eu e de Saxe ficasse gerindo e guardando as propriedades, bens e joias pertencentes a essas pessoas, consta-nos que o Governo Provisório tenciona nomear depositário e zelador destes mesmos bens ao sr. marquês de Paranaguá, concedendo a este cidadão o direito de escolher os auxiliares que devam ajudá-lo nessa honrosa tarefa.

5.000:000$000

O Governo Provisório resolveu o seguinte:

> O Governo Provisório da República dos Estados Unidos do Brasil, querendo prover à decência da posição e estabelecimento da família da dinastia deposta, resolve:
>
> Art. 1.º — Conceder de uma só vez a quantia de 5.000:000$000.
>
> Art. 2.º — Esta quantia não prejudica as vantagens asseguradas ao chefe da dinastia deposta e sua família na mensagem do Governo Provisório de hoje datada.
>
> Art. 3.º — Revogam-se as disposições em contrário.
>
> Rio de Janeiro, 16 de novembro de 1889 — Pelo marechal Deodoro da Fonseca, o ministro do Interior Aristides da Silveira Lobo.

PAÇO DA CIDADE

Durante a noite de anteontem e até a madrugada de ontem foi o Paço da Cidade rondado e guardado, além da guarda respectiva, por uma força de carabineiros do 1.º regimento de cavalaria.

O povo levado pela curiosidade aglomerara-se desde as oito horas da noite pelas proximidades do Paço, sendo o Exército obrigado a desviar os grupos para pontos diferentes até a hora do embarque do sr. d. Pedro de Alcântara.

19 de novembro

A NOVA PÁTRIA

O *ALAGOAS* E O *RIACHUELO*

Às 9 horas e 45 minutos de ontem passaram à vista da Ponta Negra o couraçado *Riachuelo* e o paquete *Alagoas*.

À 1 hora e 40 minutos passaram à vista de Cabo Frio, navegando em rumo NNE.

A BORDO DO *PARNAÍBA*

Regressou ontem o cruzador *Parnaíba*, que fora levar o sr. d. Pedro de Alcântara e sua família à Ilha Grande, onde tomaram o paquete *Alagoas*, que os leva ao porto de Lisboa.

O comandante e oficialidade do cruzador foram incansáveis em obséquios e deferências para com a família do ex-imperador, procurando tranquilizá-la dos injustificáveis receios que ainda a bordo do nosso vaso de guerra manifestavam alguns de seus membros.

O sr. d. Pedro Augusto, principalmente, mostrava-se de extraordinária superexcitação nervosa, acreditando que fosse intento do Governo da República dar aos membros da dinastia deposta destino muito diverso daquele que tiveram.

Somente quando o *Alagoas* apareceu ao encontro do *Parnaíba* e que foi realizada a baldeação é que inteiramente sossegou.

O convés do navio fretado pelo Brasil para conduzi-los ao exílio foi para eles posto de salvamento, o reduto santo, onde nenhum mal lhes sucederia.

A sr.ª condessa d'Eu, mais tranquila do que seu sobrinho, procurou justificar o proceder da família deposta.

Em conversa com o ilustre comandante do *Parnaíba*, declarou repetidas vezes que nunca intervieram no governo do ex-Ministério e se alguma vez fizeram sentir a sua influência, foi para conciliar os ânimos, inspirando o bem e fazendo pautar os atos dos ex-ministros pelo sentimento de justiça.

O ex-imperador e sua família, afirmou a sr.ª condessa d'Eu, ignoravam todos os atos arbitrários do gabinete do sr. Afonso Celso, inclusivamente a partida do 22.º batalhão de infantaria, que souberam depois de realizada.

Entretanto, a imprensa "não submissa" denunciava diariamente todos esses fatos.

O sr. comandante do *Parnaíba* apresentou-se ontem à noite ao sr. ministro da Marinha, a quem deu conta da importante comissão de que fora encarregado.

1.º de dezembro de 1889

NOTICIÁRIO

Telegramas de S. Vicente para esta capital anunciam ter ali chegado ontem de madrugada o paquete nacional *Alagoas*.

Tudo ia bem a bordo, estando o sr. d. Pedro de Alcântara com sua família de boa saúde.

O *Alagoas* tomou carvão e seguiu ontem mesmo para Lisboa, onde deve chegar a 4 do corrente.

D. PEDRO DE ALCÂNTARA

Telegrama

Lisboa, 30 de novembro de 1889.

D. Pedro de Alcântara, ex-imperador do Brasil, é esperado nesta capital na próxima quinta-feira, 5 de dezembro.

No Hotel Bragança, onde se hospedarão d. Pedro, sua família e comitiva, foram preparados aposentos especiais para todos.

Há salas e quartos destinados ao ex-imperador e sua esposa, outros para o conde d'Eu, a princesa d. Isabel e filhos, e outros para o príncipe d. Pedro Augusto.

Os aposentos da comitiva, embora preparados com menos luxo, têm toda a necessária confortabilidade.

22 de dezembro de 1889

D. PEDRO DE ALCÂNTARA — CHEGADA DO *ALAGOAS* A LISBOA RECEPÇÃO — DESEMBARQUE

Alcançaram a oito os jornais chegados ontem de Lisboa, e que nos informam sobre a chegada àquele porto do sr. d. Pedro de Alcântara e sua família.

Como verão os leitores, não podia ser mais completo o telegrama que, pela leitura dos jornais portugueses, nos expediu o ativo correspondente do *O Paiz*.

Eis as notícias que nos forneceu o *Jornal do Commercio* sobre o desembarque:

> Chegou hoje finalmente a Lisboa a comitiva imperial brasileira.
>
> Ainda não tinha rompido a aurora quando se receberam os primeiros telegramas anunciando estar à vista o paquete brasileiro *Alagoas*, que trazia a seu bordo a augusta família

expatriada. Com efeito, o vapor entrava a barra às 7 horas e 58 minutos, fundeando pouco depois em frente do lazareto.

Assaltado por ambos os lados por grande número de pessoas que ali se haviam dirigido em vapores e embarcações de vela, minutos depois o *Alagoas* era invadido pelos repórteres de vários jornais portugueses e estrangeiros, que todos à porta procuravam falar com o imperador, com o conde d'Eu, com todas as pessoas da família do monarca destronado ou com as do seu séquito, ou mesmo com os oficiais, com a marinhagem, e com os criados de bordo, no intuito de colher informações.

O DESEMBARQUE

El-rei d. Carlos, acompanhado do seu ajudante de campo o sr. coronel Sequeira, dos sr.^s ministros da Marinha e dos Estrangeiros, do sr. conde de Mossâmedes e do sr. governador civil, foi a bordo do *Alagoas*, embarcando na ponta do Arsenal de Marinha às onze da manhã. As galeotas seguiram rebocadas pelos vapores do Arsenal.

Ao meio-dia e um quarto atracou a galeota real ao cais da superintendência do Arsenal e o primeiro a desembarcar foi o sr. d. Pedro II, apoiado a dois remadores, indo-lhe ao encontro o sr. infante d. Afonso.

Este encontro foi verdadeiramente afetuoso, o sr. infante d. Afonso beijou as mãos de seu augusto tio, que lhe retribuiu beijando-o nas faces.

Atrás do imperador seguia el-rei d. Carlos, dando o braço à imperatriz, que andava com grande dificuldade, depois o sr. conde d'Eu, dando o braço a sua esposa, e em seguida seus filhos, três damas, entre estas sr.ª viscondessa de Fonseca Costa, dando o braço ao sr. Barros Gomes, e por fim o médico dr. Mota Maia.

Toda a família imperial trajava rigoroso luto e d. Pedro II vestia um enorme sobretudo, envolvendo ainda o pescoço num *cache-nez* azul com pintas brancas. Vinha num estado de visível abatimento e custando-lhe bastante andar.

Depois do desembarque, dirigiu-se a comitiva para a casa da superintendência, onde recebeu os cumprimentos das pessoas presentes.

Demorou-se apenas um quarto de hora, entrando depois para os *landaus* da casa real, que saíram pela seguinte ordem:

No primeiro *landau* a imperatriz, a sr.ª condessa d'Eu, o imperador e o sr. infante d. Afonso, vestindo uniforme de artilharia.

No segundo *landau* Sua Majestade el-rei d. Carlos, acompanhado do seu ajudante de campo o sr. coronel Sequeira.

No terceiro o sr. conde d'Eu e seus três filhos, e no último as três damas e o sr. Mota Maia.

El-rei vestia uniforme de Marinha. [...]

A concorrência do povo no Arsenal era numerosa.

VISITA AO PANTEÃO REAL E AO PAÇO DE BELÉM

Saindo do Arsenal e depois de já haverem despedido de el-rei d. Carlos, os augustos viajantes dirigiram-se ao templo de S. Vicente de Fora a fim de visitarem o panteão real e orarem junto do ataúde do el-rei d. Luís I. Esperavam-nos ali Sua Majestade a rainha sr.ª d. Maria Pia e o sr. infante d. Afonso.

Depois foram ao Paço de Belém visitar a rainha a sr.ª d. Maria Amélia, retirando-se em seguida para o Hotel Bragança, onde chegaram às 3 horas e 20 minutos da tarde.

LOCALIDADES MENCIONADAS NOS RELATOS

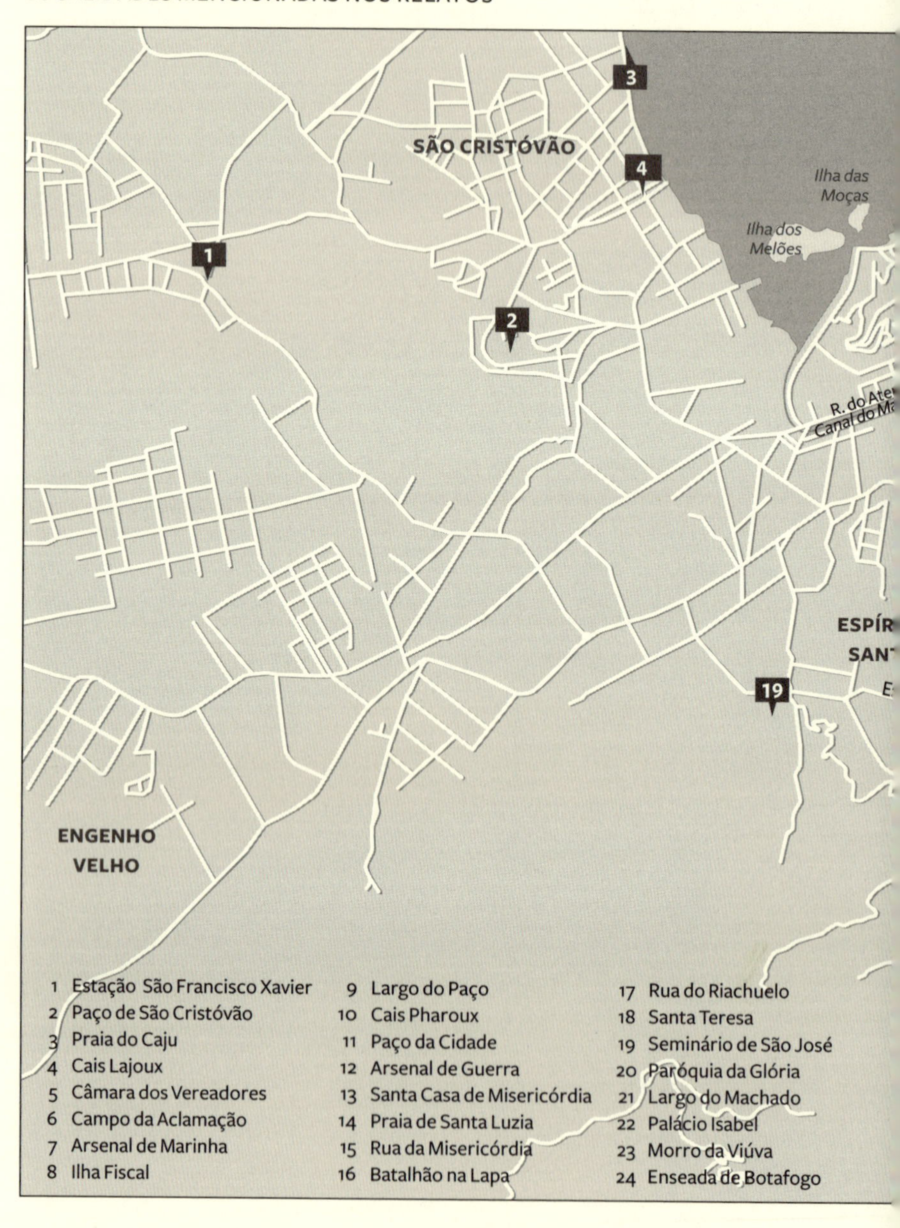

7
8
Ilha das Cobras
SANTA RITA
9
10
11
R. do Ouvidor
5
6
12
15
13
SACRAMENTO
14
16
SÃO JOSÉ
Passeio Público
Ilha de Villegagnon
17
SANTO ANTÔNIO
18
R. da Glória
BAÍA DA GUANABARA
21
20
R. das Laranjeiras
22
23
24
N

TRAJETÓRIA DA FAMÍLIA IMPERIAL RUMO AO EXÍLIO

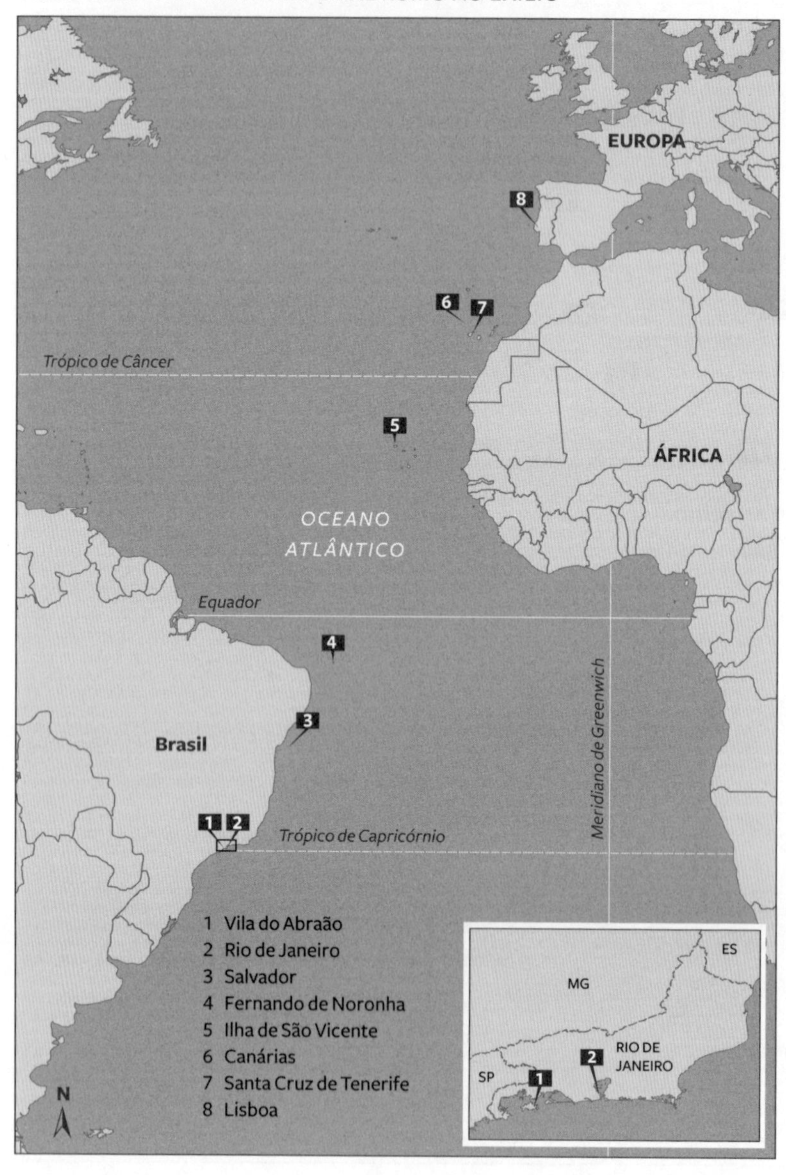

CRONOLOGIA

1839

14 DE OUTUBRO _ Nascimento de Manuel Vieira Tosta Filho, em Salvador, Bahia.

1840

JULHO _ Antecipação da maioridade do imperador d. Pedro II e início do Segundo Reinado.

1846

29 DE JULHO _ Nascimento da princesa Isabel, no Paço de São Cristóvão, Rio de Janeiro.

1851

7 DE AGOSTO _ Nascimento de Maria José Velho de Avelar, na fazenda Pau Grande, Avelar, Rio de Janeiro.

1864

SETEMBRO _ Conde d'Eu desembarca no Rio de Janeiro em companhia do primo Luís Augusto de Saxe-Coburgo-Gota, para conhecer a família imperial.

15 DE OUTUBRO _ Casamento da princesa Isabel com o conde d'Eu na Capela Imperial da praça XV, Rio de Janeiro. Em seguida, o casal parte para Petrópolis em lua de mel.
OUTUBRO A MARÇO DE 1870 _ Guerra do Paraguai.

1869

17 DE OUTUBRO _ Casamento de Maria José Velho da Silva e Manuel Vieira Tosta Filho.

1870

DEZEMBRO _ Publicação do "Manifesto republicano" no jornal carioca *A República*.

1871

25 DE MAIO A 31 DE MARÇO DE 1872 _ Primeira Regência da princesa Isabel.

28 DE SETEMBRO _ Assinatura da Lei do Ventre Livre.

1872

_ Fundação do Partido Republicano.

1874

28 DE JULHO _ Luísa Vitória, primeira filha do casal d'Eu, morre ao nascer.

1875

AGOSTO _ Publicação do primeiro número da *Gazeta de Notícias*, importante jornal abolicionista.

15 DE OUTUBRO _ Nasce em Petrópolis d. Pedro de Orléans e Bragança, primogênito do casal d'Eu.

1876

26 DE MARÇO A SETEMBRO DE 1877 _ Segunda Regência da princesa Isabel.

1876-77

_ Fugas maciças de escravos em São Paulo.

1878

26 DE JANEIRO _ Nasce em Petrópolis Luís Maria Filipe de Orléans e Bragança, filho do casal d'Eu.

1879

_ Pinheiro Machado funda o Partido Republicano Rio-Grandense.

1880

JANEIRO _ Revolta do Vintém.

JULHO _ Joaquim Nabuco funda a Sociedade Brasileira contra a Escravidão.

NOVEMBRO _ É fundado o jornal *O Abolicionista*.

17 DE DEZEMBRO _ Proibição do tráfico interprovincial de escravizados.

1881

9 DE AGOSTO _ Nasce em Paris Antônio Gastão de Orléans e Bragança, filho do casal d'Eu.

1883

MAIO _ Fundação da Confederação Abolicionista, reunindo republicanos e monarquistas de diferentes partes do Brasil, sob a direção de João Clapp, André Rebouças e José do Patrocínio.

1884

MARÇO _ Abolição da escravidão no Ceará.

JUNHO _ Abolição da escravidão no Amazonas.

JULHO _ Apresentação na Câmara dos Deputados do projeto Souza Dantas, que previa a emancipação dos escravos com mais de sessenta anos.

1885

MAIO _ Aprovação na Câmara, durante o Gabinete Saraiva, do projeto de emancipação dos sexagenários, que incluía indenização aos senhores na forma de trabalho dos escravos por três anos ou até completarem 65 anos.

AGOSTO _ Queda de Saraiva. Início do Ministério do barão de Cotegipe.

28 DE SETEMBRO _ Lei Saraiva-Cotegipe ou dos Sexagenários, com texto aprovado na Câmara pelo Gabinete anterior.

1887

JUNHO _ Fundação do Clube Militar, no Rio de Janeiro.

_ Fugas maciças de escravos e violência contra eles, e contra libertos e abolicionistas, em Campos dos Goytacazes.

30 DE JUNHO A 22 DE AGOSTO DE 1888 _ Terceira Regência da princesa Isabel. Imperador procura tratamento médico na Europa.

1888

8 DE MAIO _ Introdução do projeto da Lei Áurea na Câmara.

12 DE MAIO _ A Câmara dos Deputados aprova a Lei Áurea.

13 DE MAIO _ Abolição da escravidão no Brasil.

1889

7 DE JUNHO _ Visconde de Ouro Preto assume a presidência do Conselho do último Gabinete da Monarquia.

15 DE JUNHO _ D. Pedro II sofre um atentado ao sair de uma apresentação de teatro na Corte.

9 DE NOVEMBRO _ Último baile da Ilha Fiscal, oferecido pelo imperador d. Pedro II a oficiais chilenos.

11 DE NOVEMBRO _ Deodoro da Fonseca recebe a visita de líderes oposicionistas civis e militares que buscavam a sua adesão ao golpe que preparavam para derrubar a Monarquia.
15 DE NOVEMBRO _ Proclamação da República.
17 DE NOVEMBRO _ Pedro II e família embarcam para o exílio na Europa.
19 DE NOVEMBRO _ Assinado o decreto que instituía a nova bandeira nacional.
7 DE DEZEMBRO _ A família imperial, exilada, chega a Portugal.
21 DE DEZEMBRO _ Assinado o decreto de banimento da família imperial e suspensão do soldo de 5 mil contos de réis.
28 DE DEZEMBRO _ Morte da imperatriz Teresa Cristina.

1891

FEVEREIRO _ Promulgação da primeira Constituição da República. No dia seguinte, Deodoro da Fonseca é eleito por voto indireto o primeiro presidente da República do Brasil.
5 DE DEZEMBRO _ Em Paris, morre d. Pedro II.

1921

14 DE NOVEMBRO _ Morte da princesa Isabel no castelo D'Eu, na França, sua residência principal desde 1896.

1922

5 DE AGOSTO _ Aos 82 anos, Manuel Vieira Tosta Filho, segundo barão de Muritiba, morre a bordo do vapor *Bagé*, em águas do Espírito Santo, quando regressava da Europa.

22 DE AGOSTO _ Morte do conde d'Eu, aos oitenta anos, enquanto retornava ao Brasil no navio *Massilia*, para os festejos dos cem anos da Independência.
7 DE SETEMBRO _ Centenário da Independência.

1932

13 DE JULHO _ Morte da baronesa de Muritiba, aos oitenta anos, em Petrópolis.

APÊNDICE: PESSOAS CITADAS NOS RELATOS

As referências estão organizadas em ordem alfabética; optamos por nos referir aos nomes de acordo com a primeira menção nos relatos (por exemplo, "Paranaguá", "major Sólon"). Nem todas as pessoas citadas estão incluídas aqui, ou por serem nomes "públicos" (princesa Isabel, conde d'Eu, família imperial como um todo), ou por não termos encontrado referências a elas.

Adriano Augusto do Valle (1869): republicano português, autor de atentado contra d. Pedro II em julho de 1889.

Alexandrino Faria de Alencar (1848-1926): almirante da Marinha brasileira, foi um dos militares que comandaram as tropas na proclamação da República. Dirigiu o navio *Riachuelo*, que acompanhou o *Alagoas* durante parte da viagem da família imperial ao exílio.

Almirante Tamandaré (Joaquim Marques Lisboa, 1807-97): almirante da Armada Imperial Brasileira. Considerado o patrono da Marinha brasileira.

Amandinha (Amanda Paranaguá Doria, 1849-1931): baronesa de Loreto, casada com Franklin Américo de Meneses Doria, barão de Loreto, uma das amigas mais próximas da princesa Isabel (ver *Barão de Loreto*).

Andrade Figueira (Domingos de Andrade Figueira, 1833-1910): conselheiro do imperador, advogado e político do Partido Conservador.

André Rebouças (1838-98): engenheiro e um dos mais importantes líderes abolicionistas brasileiros, amigo da família imperial.

Antônio Simões da Silva: juiz de direito e desembargador, foi chefe de polícia de Salvador na época da Revolta dos Malês (1835) e do Rio de Janeiro.

Araújo Góis (Inocêncio Marques de Araújo Goes, 1811-97): barão de Araújo Góis, advogado e político.

Aristides Lobo (Aristides da Silveira Lobo, 1838-96): jurista, político e jornalista republicano.

Augusto Cincinato de Araújo: militar, era alferes em 1889, mas chegou a capitão. Primo de Deodoro da Fonseca.

Barão de Corumbá (João Mendes Salgado, 1832-94): vice-almirante da Marinha brasileira.

Barão de Ivinhema (Francisco Pereira Pinto, 1817-1911): vice-almirante da Marinha brasileira.

Barão de Jaceguai (Artur Silveira da Mota, 1843-1914): vice-almirante da Marinha brasileira.

Barão de Ladário (José da Costa Azevedo, 1823-1904): político do Partido Liberal, foi o último ministro da Marinha do Império.

Barão de Loreto (Franklin Américo de Meneses Doria (1836-1906): poeta, advogado e político do Partido Conservador. Conselheiro do imperador, foi ministro do Império no último Gabinete da Monarquia (ver *Amandinha*).

Barão do Catete e Carlos de Araújo: Joaquim Antônio de Araújo e Silva (1827-1903), médico e visconde; Carlos de Araújo, comendador, era seu irmão.

Baronesa de Suruí (Carlota Guilhermina de Lima e Silva, *c.* 1840-*c.* 1910): dama de companhia e amiga da princesa Isabel. Irmã de Caxias.

Basson (José Basson de Miranda Osório, 1836-1903): político, conselheiro do imperador, último chefe de polícia do Rio de Janeiro no Império.

Beaurepaire-Rohan (Henrique Pedro Carlos de Beaurepaire-Rohan, 1812-94): físico, militar e político do Partido Liberal. Membro do Conselho de Estado em 1889.

Benjamin Constant (Benjamin Constant Botelho de Magalhães, 1836-91): militar, engenheiro e professor da Escola Militar. Republicano, foi um dos articuladores da proclamação da República.

Bocaiuva (Quintino Antônio Ferreira de Souza Bocaiuva, ou Quintino Bocaiuva, 1836-1912): jornalista e político republicano, um dos redatores do Manifesto Republicano (1870); participou da proclamação da República, tendo sido o primeiro ministro das Relações Exteriores.

Bom Conselho (José Bento da Cunha Figueiredo, visconde do Bom Conselho, 1808-91): advogado e político. Membro do Conselho de Estado em 1889.

Caetano da Fonseca Costa (Caetano Taylor da Fonseca Costa): oficial das Forças Armadas.

Cândido Oliveira (Cândido Luís Maria de Oliveira, 1845-1919): advogado e político do Partido Liberal, foi senador e último ministro da Justiça do Império. Exilado, retornou ao Brasil em 1891.

Capanema (Guilherme Schuch ou Guilherme Capanema, barão de Capanema, 1824-1908): engenheiro, físico e naturalista, instalou a primeira linha de telégrafo no Brasil. Amigo de d. Pedro II.

Comandante Pessoa (José Maria Pessoa): capitão da marinha mercante e comandante do navio *Alagoas*, que levou a família imperial e sua comitiva ao exílio.

Conde da Mota Maia (Cláudio Velho da Mota Maia, 1843-97): médico e professor, médico de d. Pedro II. Acompanhou a família imperial no exílio.

Conde de Aljezur (Francisco de Lemos de Faria Pereira Coutinho, 1820-1909): militar e fidalgo da imperatriz Teresa Cristina, amigo pessoal de d. Pedro II, acompanhou a família imperial no exílio.

Conde e condessa de Carapebus: Antônio Dias Coelho Neto dos Reis (1829-96), advogado e político, era veador e guarda-roupas do imperador; Francisca Jacinta Nogueira da Gama (1835-99), amiga da imperatriz Teresa Cristina. O casal acompanhou a família real no exílio.

Condessa da Ponte (Maria Teresa de Sousa Botelho Mourão e Vasconcelos, 1814-1900): oitava condessa da Ponte.

Condessa de Baependi (Rosa Mônica Nogueira Vale da Gama, 1820-1904): casada com José Calmon Nogueira Vale da Gama, conde de Baependi, era sogra do conde de Carapebus.

Conselheiro Andrade Figueira (Domingos de Andrade Figueira, 1833-1910): político e membro do Conselho de Estado do Império em 1889.

Conselheiro Marinho (Joaquim Saldanha Marinho, 1816-95): jornalista, advogado e político. Foi signatário do Manifesto Republicano de 1870.

Conselheiro Marinho de Azevedo (João Marinho de Azevedo): médico e professor de medicina.

Conselheiro Silva Costa (José da Silva Costa): conselheiro do imperador.

Coronel Amarante (Manuel Peixoto Cursino do Amarante): oficial do corpo de engenheiros, professor de mecânica na Escola Militar, ajudante do barão de Ramiz na educação dos príncipes, filhos da princesa Isabel e do conde d'Eu.

Coronel Lassance (Guilherme Carlos Lassance, 1838): engenheiro e mordomo do conde d'Eu.

Esposel (Joaquim Maria dos Anjos Esposel, 1842-97): advogado, casado com Maria José de Barros Carvalho.

Eugeninha (Maria Eugênia da Fonseca Costa): filha do visconde e da viscondessa da Penha, amiga da princesa Isabel.

General Deodoro, Marechal Deodoro (Manuel Deodoro da Fonseca, 1827-92): militar e político, proclamou a República e foi o seu primeiro presidente.

General Floriano Peixoto (Floriano Vieira Peixoto, 1839-95): militar e político, participou ativamente dos episódios da proclamação da República, tendo sido seu segundo presidente.

General Miranda Reis (José de Miranda da Silva Reis, 1824-1903): político e militar, veterano da Guerra do Paraguai.

Ismael Marinho Galvão: alferes.

João Alfredo (João Alfredo Correia de Oliveira, 1835-1919): político monarquista ligado ao Partido Conservador, chefe de gabinete do Império de março de 1888 a junho de 1889 e membro do Conselho de Estado em 1889.

Joaquim Ferreira (Joaquim Ferreira de Camargo Andrade, barão de Ibitinga, 1832-1915): cafeicultor, magistrado e político do Partido Liberal.

Joaquim Nabuco (Joaquim Aurélio Barreto Nabuco de Araújo, 1849-1910): político, diplomata, jurista, historiador, um dos mais importantes abolicionistas brasileiros.

José Calmon (José Calmon Nogueira Vale da Gama, 1839), conde de Baependi.

José do Patrocínio (José Carlos do Patrocínio, 1853-1905): farmacêutico, jornalista e um dos principais abolicionistas brasileiros.

José Simão (José Simão de Oliveira): general e brigadeiro.

Lopo Diniz (Lopo de Albuquerque Diniz, 1831-1906): médico, amigo da princesa Isabel e do conde d'Eu.

Major engenheiro Trompowski (Roberto Trompowski Leitão de Almeida, 1853-1926): professor de matemática e marechal, genro do conselheiro Andrade Figueira, assessor de Benjamin Constant.

Major Serzedelo Correia (Inocêncio Serzedelo Correia, 1858-1932): militar e político, ativista republicano e abolicionista.

Major Sólon (Frederico Sólon de Sampaio Ribeiro, 1839-1900): político e militar, veterano da Guerra do Paraguai. No dia anterior à proclamação da República, espalhou o boato de que Deodoro da Fonseca e Benjamin Constant haviam sido presos pelo Governo imperial; entregou ao imperador a ordem de exílio.

Mamoré (Ambrósio Leitão da Cunha, 1825-98): advogado, magistrado e político. Entre 1870 e 1889, foi deputado, presidente de província e senador do Império.

Marechal Hermes Ernesto da Fonseca (1824-91): militar e político, irmão do marechal Deodoro da Fonseca e pai de Hermes da Fonseca, futuro presidente da República (1910-14).

Maria Cândida de Araújo Vianna de Figueiredo (1825-1904): dama de companhia da família imperial.

Maria Eufrásia (Maria Eufrásia Marques Lisboa, *c.* 1847-*c.* 1915): filha do almirante Tamandaré e amiga da princesa Isabel.

Miguel Ribeiro Lisboa: capitão-tenente, capitão de fragata.

Nunes Gonçalves (Antônio Marcelino Nunes Gonçalves, visconde de São Luís, 1823-99): advogado e político, senador e conselheiro do imperador a partir de 1888.

Olegário (Olegário Herculano de Aquino Castro, 1828-1906): desembargador, ministro do Supremo Tribunal de Justiça, conselheiro do imperador desde julho de 1889.

Padre João Manuel de Carvalho (1841): padre e deputado, inicialmente ligado ao Partido Conservador, acaba republicano.

Palmeira (José Carlos Palmeira): capitão de fragata, comandante da embarcação *Parnaíba*.

Pandiá [Calógeras] (João Pandiá Calógeras): comendador, casado com Mariana Penha Calógeras (Titinha, uma das Penhas).

Paranaguá (João Lustosa da Cunha Paranaguá, marquês de Paranaguá, 1821-1912): magistrado e político. Casou-se com Maria Amanda Pinheiro de Vasconcelos (1829-73), marquesa de Paranaguá, e foram pais de Maria Amanda Lustosa Paranaguá, a Amandinha, baronesa de Loreto; foi chefe de gabinete do Império em 1882 e membro do Conselho de Estado em 1889.

Paulino (Paulino José Soares de Souza, 1834-1901): filho de Paulino José Soares de Souza, visconde do Uruguai, foi ligado ao Partido Conservador. Membro do Conselho de Estado, foi o último presidente do Senado no Império. Como senador, votou contra a lei da abolição da escravidão.

Penhas [as]: as gêmeas Maria Eugênia (Eugeninha) e Maria Elisa, e Mariana (Titinha), filhas do visconde e da viscondessa da Penha; Mariana era casada com o dr. Pandiá Calógeras.

Ramiz Galvão (Benjamin Franklin Ramiz Galvão, 1846-1938): preceptor dos filhos da princesa Isabel e do conde d'Eu.

Rio Apa (Antônio Eneias Gustavo Galvão, barão do Rio Apa, 1832-95): militar, chegou a marechal. Veterano da Guerra do Paraguai, foi responsável pela repressão à Revolta do Vintém. Casado com Constança Justina de Menezes Cruz (1850-97).

Saraiva (José Antônio Saraiva, 1823-95): advogado e político do Partido Liberal, conselheiro do imperador, foi chefe de gabinete do Império entre maio e agosto de 1885. Chegou a ser nomeado pelo imperador para formar um Gabinete na madrugada de 16 de novembro de 1889.

Senador Dantas (Manuel Pinto de Souza Dantas, 1831-94): advogado e político, senador, chefiou o gabinete de d. Pedro II em 1884, encarregado de dar prosseguimento à discussão da questão da emancipação dos escravos. Membro do Conselho de Estado em 1889.

Silveira Martins (Gaspar da Silveira Martins, 1835-1901): advogado e político. Cotado pelo imperador para substituir o visconde de Ouro Preto como chefe de gabinete em 15 de novembro de 1889.

Sinimbu (João Lins Vieira Cansanção de Sinimbu, 1810-1906): político do Partido Liberal, chefe de gabinete do Império entre 1878 e 1880. Membro do Conselho de Estado em 1889.

Tenente Antônio Rangel (Antônio Rangel de Barros França, 1873): militar, chegou ao posto de coronel durante a República.

Tenente Magalhães Castro (Joaquim Antônio de Magalhães Castro): tenente-coronel.

Tenente-coronel Mallet (João Nepomuceno de Medeiros Mallet, 1840-1907): militar, veterano da Guerra do Paraguai. Participou dos episódios da proclamação da República, tendo sido um dos encarregados de levar ao imperador a ordem do exílio.

Tomás Coelho (Tomás José Coelho de Almeida, 1838-95): magistrado e político, senador, conselheiro do imperador.

Visconde da Penha (João de Sousa da Fonseca Costa, 1823-1902): general, veterano da Guerra do Paraguai. Casou-se com sua prima Maria da Penha de Miranda Montenegro.

Visconde de Garcez (José Garcez Pinto de Madureira, 1836).

Visconde de Ouro Preto (Afonso Celso de Assis Figueiredo, 1836-1912): advogado e político do Partido Liberal. Senador, foi o último chefe de gabinete do Império. Era membro do Conselho de Estado em 1889.

Visconde de São Luís do Maranhão (Antônio Marcelino Nunes Gonçalves, 1823-99): advogado, magistrado. Político ligado ao Partido Conservador, foi senador do Império e membro do Conselho de Estado em 1889.

Visconde de Taunay (Alfredo d'Escragnolle Taunay, 1843-99): escritor, professor, engenheiro militar, político. Foi eleito senador em 1886, tendo sido partidário da abolição no Parlamento.

Visconde Nogueira da Gama (Nicolau Antônio Nogueira Vale da Gama, 1802-97): militar e político, mordomo da família real. Pai de José Calmon Nogueira Vale da Gama, conde de Baependi.

Viscondessa de Fonseca Costa (Josefina da Fonseca Costa, 1808-96): dama de companhia da imperatriz Teresa Cristina. Foi agraciada com o título de baronesa em 1877 e de viscondessa em 1888.

Wandenkolk (Eduardo Wandenkolk, 1838-1902): almirante, apoiou o movimento pela República. Foi ministro da Marinha e senador da República no Governo Provisório de Deodoro da Fonseca e Floriano Peixoto.

Weisersheimb: conde, embaixador da Áustria no Rio de Janeiro.

NOTAS

APRESENTAÇÃO (P. 7-9)

1 "Memória para meus filhos" foi transcrito por Guilherme Auler e publicado pela primeira vez em maio de 1951 no suplemento *Arte e Literatura* do jornal *Tribuna de Petrópolis*. O documento foi reproduzido por R. Magalhães Junior em *Deodoro: a espada contra o Império*, v. 2: *O galo na torre*. São Paulo: Companhia Editora Nacional, 1957, p. 395-403.

O 15 DE NOVEMBRO SEGUNDO A BARONESA DE MURITIBA (P. 13-35)

1 Com a letra da baronesa, consta desta página: "Copia de Belinha do meu original".

2 Referência ao visconde da Penha, casado com Maria da Penha de Miranda Montenegro. Casa das Penhas era como as amigas se referiam à sua residência. (Todas as notas deste livro são de autoria das organizadoras do volume.)

3 O príncipe é o conde d'Eu. Os principezinhos são seus filhos: Pedro de Alcântara (1875-1940), Luís de Orléans e Bragança (1878-1920), Antônio Gastão de Orléans e Bragança (1881-1918) e Luísa Vitória de Orléans e Bragança (1874-1874), que não sobreviveu ao parto.

4 Tosta é o marido da baronesa, Manuel Vieira Tosta Filho, barão de Muritiba.

5 No manuscrito: "A ~~situação~~ monarquia".

6 No manuscrito, a palavra "mandado" está riscada, substituída pela palavra "aconselhado".

7 No manuscrito, consta riscado: "Pelas seis horas chegaram a Amandinha e o Doria vindos de Santa Teresa. O Pandiá e Titinha que tinham ido esperar a princesa no cais Lajoux e aos quais não se pôde desavisar, só puderam chegar ao Paço da Cidade à noite, depois de grande e inútil espera lá".

8 No manuscrito, riscado: "aceitou".

9 No manuscrito, riscado: "não menos arrogante".

10 No manuscrito, riscado: "redigir".

11 No manuscrito, segue, riscado, o trecho: "Seis meses mais tarde, em julho, todos esses quadros e mais objetos de valor foram por nós e pela Penha e Calógeras trazidos para a Europa, quando o visconde e viscondessa da Penha deram a grande prova de sua dedicação e fidelidade, abandonando tudo para se virem estabelecer junto da princesa conosco".

12 No manuscrito, riscado: "Eugeninha sempre comigo".

13 Nota da baronesa: "Nós os embarcamos às duas da manhã — vocês fariam bem de pedir o escaler do *Cochrane* ao Villamil e embarcar em Botafogo".

14 No manuscrito, riscado: "às cinco da tarde deixamos São Vicente".

O 15 DE NOVEMBRO SEGUNDO A PRINCESA ISABEL (P. 36-49)

1 Nota escrita ao lado da página pela baronesa: "A princesa bem poderia acrescentar que chocava ver a diferença de atitude do emissário quando partiu e quando regressou".

2 Nota da baronesa: "As autoridades de S. Vicente não aceitaram a bandeira republicana que levávamos por não ter sido ainda reconhecida pelo Governo português".

O 15 DE NOVEMBRO SEGUNDO O BARÃO DE MURITIBA (P. 50-80)

1 O autor refere-se à Revolução Liberal de 1830, às revoluções de 1848 (que deram início à Segunda República na França) e ao início da Terceira República na França, em 1870.

2 Manuel Vieira Tosta (1807-96), primeiro barão de Muritiba, ministro da Guerra entre 1868 e 1870, no final da Guerra do Paraguai.

3 No original, na margem está escrito "rever", em referência a este parágrafo.

POSFÁCIO (P. 81-127)

1 O barão e a baronesa de Loreto acompanharam a família real no exílio. Assim como suas amigas, Amandinha também escreveu seu próprio relato sobre os acontecimetos do 15 de Novembro e a viagem ao exílio. Ver "Notas de Amanda Paranaguá Doria de sua viagem em companhia da família imperial (1889-1890)". Lata 658, livros 6 a 11. Coleção Baronesa de Loreto, Instituto Histórico e Geográfico Brasileiro. Rio de Janeiro.

2 Roderick J. Barman, *Princesa Isabel: gênero e poder no século XIX*. São Paulo: Editora da Unesp, 2005, p. 54.

3 Carta de Leonarda Velho da Silva para sua filha Mariana Ribeiro de Avelar. Petrópolis, 30 out. 1862. Documento do arquivo particular de Roberto Meneses de Moraes. Sobre as famílias Velho da Silva e Ribeiro de Avelar, consultar Mariana Muaze, *As memórias da viscondessa: família e poder no Brasil Império*. Rio de Janeiro: Zahar, 2008.

4 Guilherme Auler, *A princesa e Petrópolis*. Petrópolis, 1953, p. 23. A mesma residência abrigou o imperador em 1888, quando se encontrava adoentado.

5 Carta de Leonarda Velho da Silva para Mariana Velho de Avelar, Rio de Janeiro, 11 nov. 1864. Documento do arquivo particular de Roberto Meneses de Moraes.

6 Carta de Leonarda Velho da Silva para Mariana Velho de Avelar, Rio de Janeiro, 3 mar. 1865. Documento do arquivo particular de Roberto Meneses de Moraes.

7 A fotografia adquiriu grande relevância entre a classe senhorial do Império, principalmente depois da invenção da *carte-de-visite* — imagem fotográfica colada sobre cartão no tamanho 9,5 × 6 cm. O novo formato, inventado por André Adolphe-Eugène Disdéri em 1854, produzia quatro ou oito imagens de uma só vez. A partir de então, houve barateamento da fotografia e aumento da demanda social por imagens fotográficas, e o hábito de dar e receber retratos passou a ser recorrente para o fortalecimento das reciprocidades e dos laços de amizade. A prática da troca de retratos acabou por lançar a moda do colecionismo e dos álbuns, que eram vendidos em diferentes formatos, cores, tipos de revestimento, com ranhuras em formatos específicos para facilitar o encaixe das fotos. O número de cartas e retratos da baronesa de Muritiba na Coleção Princesa Isabel e da princesa Isabel e seus familiares na coleção da viscondessa de Ubá, mãe da baronesa

de Muritiba, demonstra os vínculos de amizade havia tempo constituídos entre elas e as famílias. Sobre a Coleção Princesa Isabel, ver: Pedro Corrêa do Lago e Bia Corrêa do Lago, *Coleção Princesa Isabel: fotografia do século* XIX. São Paulo: Capivara, 2008; e acervo do Museu Imperial. Para uma análise da coleção da viscondessa de Ubá, que atualmente se encontra nos arquivos privados de Roberto Meneses de Moraes e da família Barros Franco, ver: Mariana Muaze, *As memórias da viscondessa*, op. cit.

8 Além das imagens da princesa e do conde d'Eu, constam da coleção de Mariana Velho de Avelar quatro fotografias de d. Pedro II, duas da imperatriz Teresa Cristina e duas da princesa Leopoldina, além de outros nobres europeus ligados à família imperial.

9 A princesa Leopoldina de Bragança morreu no dia 7 de fevereiro de 1871. O casal de imperadores ficou fora do Brasil de 25 de maio de 1871 a 5 de janeiro de 1873.

10 Camarista, ou veador, era um título honorífico que se dava ao oficial-mor da casa real que servia a rainha ou a imperatriz.

11 Vieira Tosta foi nomeado desembargador da Corte da Relação do Rio de Janeiro (tribunal de segunda instância) em 1886; passou a ser procurador da Coroa, Soberania e Fazenda em 1888.

12 Carta de Mariana Velho de Avelar ao filho Joaquim Velho de Avelar, Petrópolis, 28 mar. 1884. Documento do arquivo particular de Roberto Meneses de Moraes.

13 Carta de Mariana Velho de Avelar ao filho Joaquim Velho de Avelar, Pau Grande, 17 nov. 1884. Documento do arquivo particular de Roberto Meneses de Moraes. Neste caso, Mariana deve estar se referindo à mansão que a família Ribeiro de Avelar possuía no Catete, adquirida na década de 1870.

14 Carl von Koseritz, *Imagens do Brasil*. Belo Horizonte; São Paulo, Itatiaia; Edusp, 1980, p. 31. Citado por Margarida de Souza Neves, "Uma cidade entre dois mundos — o Rio de Janeiro no final do século XIX", in Keila Grinberg e Ricardo Salles, *O Brasil Imperial*, v. III. Rio de Janeiro: Civilização Brasileira, 2009, p. 132.

15 *Atas do Conselho de Estado, 1867-1868*. Brasília: Senado Federal, 1978, p. 93. Senado Federal, Publicação e Documentação. Disponível em: https://www.senado.leg.br/publicacoes/anais/asp/AT_AtasDoConselhoDeEstado.asp. Acesso em: 9 ago. 2019.

16 Angela Alonso, *Flores, votos e balas: o movimento abolicionista brasileiro (1868-1888)*. São Paulo: Companhia das Letras, 2015, p. 349. A declaração de Paulino foi feita em 1888.

17 Ricardo Salles, *E o Vale era o escravo*. Rio de Janeiro: Civilização Brasileira, 2008, p. 139. Sobre o Vale do Paraíba, consultar: Mariana Muaze e Ricardo Salles, O *Vale do Paraíba e o Império do Brasil nos quadros da segunda escravidão*. Rio de Janeiro: 7Letras, 2015; Thiago Campos, O *Império da Escravidão: o complexo Breves no vale do café (Rio de Janeiro, 1850-1888)*. Rio de Janeiro: Arquivo Nacional, 2018.

18 Esses dados foram obtidos no banco de dados disponível no site *Slave Voyages* (https://slavevoyages.org/). Acesso em: 10 ago. 2019.

19 A Lei do Ventre Livre determinava que as crianças nascidas a partir de sua promulgação permanecessem em poder dos senhores de suas mães até os oito anos de idade. Depois disso, os senhores poderiam utilizar seus serviços até as crianças completarem 21 anos, ou então entregar o menor ao Governo, com direito a uma indenização. Entre várias regulações, a lei estabelecia, ainda, que os escravos poderiam juntar pecúlio, isto é, suas economias, com vistas à compra da liberdade; e que seriam formados fundos de emancipação, com recursos

oriundos do pagamento de impostos, com o mesmo objetivo. Por fim, a lei estabelecia que ficariam libertos os escravos da Nação (do Governo), da Coroa, das heranças vagas e aqueles que fossem abandonados por seus senhores. Lei n.º 2040, de 28 de setembro de 1871. Disponível em: http://www.planalto.gov.br/ccivil_03/leis/lim/LIM2040.htm. Acesso em: 9 ago. 2019.

20 Sobre as ações de liberdade, ver Keila Grinberg, *Liberata, a lei da ambiguidade: as ações de liberdade da Corte de Apelação do Rio de Janeiro no século XIX*. Rio de Janeiro: Relume-Dumará, 1994.

21 Patrocínio faz alusão à famosa frase do filósofo e político anarquista francês Pierre-Joseph Proudhon, para quem "toda propriedade é um roubo". Para a referência a José do Patrocínio, ver Maria Helena Machado, *O plano e o pânico: os movimentos sociais na década da abolição*. Rio de Janeiro: Editora UFRJ, 1994, p. 82.

22 Para mais detalhes sobre a Lei dos Sexagenários, ver o verbete "Legislação emancipacionista, 1871 e 1885", de Joseli Maria Nunes Mendonça, in: Lilia Schwarcz e Flávio Gomes (org.). *Dicionário da escravidão e liberdade*. São Paulo: Companhia das Letras, 2018, p. 277-84.

23 Angela Alonso, op. cit., p. 318.

24 Angela Alonso, op. cit., p. 320, nota 83.

25 Angela Alonso, op. cit., p. 341, nota 19.

26 Renato Lemos, "A alternativa republicana e o fim da Monarquia", in: Keila Grinberg e Ricardo Salles, op. cit., p. 432.

27 José Joaquim de Carvalho, *Primeiras linhas da história da República dos Estados Unidos do Brasil*. Rio de Janeiro, 1889, p. 61-62, apud Renato Lemos, op. cit., p. 431, nota 98.

28 "O dia de hontem", *O Paiz*, 16 nov. 1889, p. 1. Hemeroteca da Biblioteca Nacional. Disponível em: http://memoria.bn.br/pdf/178691/per178691_1889_01866.pdf. Acesso em: 11 ago. 2019.

29 *Novidades*, 16 nov. 1889, p. 1. Hemeroteca da Biblioteca Nacional. Disponível em: http://memoria.bn.br/DocReader/830321/2989. Acesso em: 18 set. 2019.

30 No período que o grupo passou em Cannes, o imperador continuaria morando no Hotel Séjour.

31 O *carte cabinet*, também chamado de *cabinet size* ou *carte boudoir*, surgiu na Inglaterra em 1866, como uma evolução em maior formato da *carte-de-visite*. Tinha o mesmo tipo de apresentação, razão pela qual era dito de *cabinet*, de gabinete. A imagem possuía cerca de 9,5 × 14 cm e era montada sobre cartões de 11 × 16,5 cm.

ANEXOS (P. 129-64)

1 Ilha Grande, 17 de novembro de 1889. Coleção Vieira Tosta, Arquivo Nacional.

2 Navio *Alagoas*, 26 de novembro de 1889. Coleção Vieira Tosta, Arquivo Nacional.

3 A princesa faz referência a seu sobrinho Pedro Augusto, que sofreu surtos psicóticos durante a viagem. Assim que chega à Europa, ele começa a receber tratamento psiquiátrico.

4 Fundado em 1884 por João José dos Reis Junior, conde de São Salvador de Matozinhos, *O Paiz* era um jornal diário de grande circulação. Seu primeiro redator-chefe foi Ruy Barbosa, que foi substituído por

Quintino Bocaiuva, tomando partido pelo republicanismo. Na segunda quinzena de novembro de 1889, o jornal chegou a ter edições de 60 mil exemplares, consolidando-se como o veículo de maior circulação no país no início da República (Bruno Brasil, O *Paiz*, Hemeroteca da Biblioteca Nacional, 2 abr. 2015. Disponível em: https://bndigital.bn.gov.br/artigos/o-paiz/. Acesso em: 21 ago. 2019). Incluímos neste anexo uma seleção dos trechos mais relevantes.

5 Aqui, *oriental* refere-se ao Uruguai (República Oriental do Uruguai).

REFERÊNCIAS BIBLIOGRÁFICAS

Alonso, Angela. *Flores, votos e balas: o movimento abolicionista brasileiro (1868-1888)*. São Paulo: Companhia das Letras, 2015.

Auler, Guilherme. *A princesa e Petrópolis*. Petrópolis: edição do autor, 1953.

Azevedo, Célia Maria Marinho de. *Abolicionismo: Estados Unidos e Brasil, uma história comparada (século* XIX*)*. São Paulo: Annablume, 2003.

Barman, Roderick J. *Princesa Isabel — gênero e poder no século* XIX. São Paulo: Editora da Unesp, 2005.

Bastos, Lucia; Martins, Humberto. *O Império do Brasil*. Rio de Janeiro: Nova Fronteira, 1999.

Carvalho, José Murilo de. "Os três povos da República". *Revista* USP, São Paulo, n.º 59, p. 95-115, set.-nov. 2003.

________. *Os bestializados: o Rio de Janeiro e a República que não foi*. São Paulo: Companhia das Letras, 1987.

________. *A formação das almas: o imaginário da República no Brasil*. 2.ª ed. São Paulo: Companhia das Letras, 1995.

Conrad, Robert. *Os últimos anos da escravatura no Brasil*. Rio de Janeiro: Civilização Brasileira, 1975.

Corrêa do Lago, Pedro; Corrêa do Lago, Bia. *Coleção Princesa Isabel: fotografia do século* XIX. Rio de Janeiro: Capivara, 2008.

Costa, Emília Viotti da. *Da Monarquia à República: momentos decisivos*. 2.ª ed. São Paulo: Livraria Editora Ciências Humanas, 1979.

________. *Abolição*. São Paulo: Editora da Unesp, 2008.

Cruz, Itan. *A serviço de Sua Alteza imperial: Amanda Paranaguá Doria, dama da princesa Isabel (1849-1931)*. Dissertação (Mestrado em história) — Niterói: Universidade Fluminense, 2018.

Goyena, Rodrigo (org.). *O diário do conde d'Eu*. Rio de Janeiro: Paz e Terra, 2017.

Grinberg, Keila. *Liberata: a lei da ambiguidade. As ações de liberdade da Corte de Apelação do Rio de Janeiro no século XIX*. Rio de Janeiro, Relume-Dumará, 1994.

Grinberg, Keila; Salles, Ricardo. *O Brasil imperial*. Rio de Janeiro: Civilização Brasileira, 2009, 3 v.

Janotti, Maria de Lourdes. *Os subversivos da República*. São Paulo: Brasiliense, 1986.

Lessa, Renato. *A invenção republicana*. Rio de Janeiro: Topbooks, 1999.

Lyra, Heitor. *História da queda do Império*. São Paulo: Companhia Editora Nacional, 1964, 2 v.

Machado, Maria Helena. *O plano e o pânico: os movimentos sociais na década da abolição*. Rio de Janeiro: Editora UFRJ, 1994.

Machado, Maria Helena; Castilho, Celso (org.). *Tornando-se livre: agentes históricos e lutas sociais no processo de abolição*. São Paulo: Edusp, 2015.

Magalhães Junior, R. *Deodoro: a espada contra o Império*, v. 2: *O galo na torre*. São Paulo: Companhia Editora Nacional, 1957.

Mattos, Hebe Maria. *Das cores do silêncio: os significados da liberdade no Sudeste escravista*. 2.ª ed. Rio de Janeiro: Nova Fronteira, 1998.

Mattos, Ilmar Rohloff de. O *Tempo Saquarema: a formação do Estado imperial*. São Paulo: Hucitec, 1990.

Mello, Maria Tereza Chaves de. *A República consentida: cultura democrática e científica do final do Império*. Rio de Janeiro: FGV; Editora Edur, 2007.

________. "Modernidade republicana". *Revista Tempo*, dossiê: *A nova "velha" República*, n.º 26, 2009. Disponível em: http://www.historia.uff.br/tempo/artigos_dossie/v13n26a02.pdf. Acesso em: 16 set. 2019.

Muaze, Mariana. *As memórias da viscondessa: família e poder no Brasil Império*. Rio de Janeiro: Zahar, 2008.

Penna, Lincoln de Abreu. *República brasileira*. Rio de Janeiro: Nova Fronteira, 1999.

Priore, Mary del. *O castelo de papel: uma história de Isabel de Bragança, princesa imperial do Brasil, e Gastão de Orléans, conde d'Eu*. Rio de Janeiro: Rocco, 2013.

Queiroz, Suely Robes Reis de. *Os radicais da República. Jacobinismo: ideologia e ação (1893-1897)*. São Paulo: Brasiliense, 1986.

Salles, Ricardo. *Nostalgia imperial: a formação da identidade nacional no Brasil do Segundo Reinado*. Rio de Janeiro: Topbooks, 1996.

________. *Guerra do Paraguai: memórias & imagens*. Rio de Janeiro: Biblioteca Nacional, 2003.

________. *E o Vale era o escravo: Vassouras, século* XIX. *Senhores e escravos no coração do Império*. Rio de Janeiro: Civilização Brasileira, 2008.

Santos, Claudia. "Abolicionismo e visões da liberdade". *Revista do Instituto Histórico e Geográfico Brasileiro*, n.º 437, out.-dez. 2007, Rio de Janeiro, p. 319-34.

Schwarcz, Lilia Moritz. *As barbas do imperador: d. Pedro* II *— um monarca dos trópicos*. São Paulo: Companhia das Letras, 1999.

Schwarcz, Lilia Moritz; Gomes, Flávio (org.) *Dicionário da escravidão e liberdade*. São Paulo: Companhia das Letras, 2018.

Silva, Eduardo. *As camélias do Leblon e a abolição da escravatura: uma investigação de história cultural*. São Paulo: Companhia das Letras, 2003.

Vainfas, Ronaldo (org.). *Dicionário do Brasil imperial* (1822-1889). Rio de Janeiro: Objetiva, 2002.

CRÉDITOS DAS ILUSTRAÇÕES

p. 11: Arquivo Nacional/Fundo Família Vieira Tosta

p. 91: *Carte-de-visite* de Ludwig Mária Mauritius Angerer, k.k. Hof--Photograph, Viena, 1865. Coleção Roberto Meneses de Moraes

p. 92 (à esquerda): Barão de Muritiba, *carte-de-visite* de Mangeon & Van Nyvel, Rio de Janeiro, 1869. Coleção Família Barros Franco

p. 92 (à direita): Baronesa de Muritiba, *carte-de-visite* de Joaquim José Insley Pacheco, Rio de Janeiro, 1869. Coleção Família Barros Franco

p. 95 (acima): Fotografia de Marc Ferrez/Coleção Princesa Isabel/ Acervo da Fundação Biblioteca Nacional — Brasil

p. 95 (embaixo): Fotografia de Marc Ferrez/Coleção Princesa Isabel/ Capivara Editora

p. 96: Fotografia de Marc Ferrez/Coleção Dom João de Orléans e Bragança, sob guarda do Acervo do Instituto Moreira Salles

p. 116: Coleção Princesa Isabel/Capivara Editora

p. 118: *Carte-de-visite* de Numa Blanc Fils/Coleção Família Barros Franco

p. 120: Fotografias de Numa Blanc Fils/Coleção Família Barros Franco

p. 122: Coleção Família Barros Franco

p. 123: Fotógrafo não identificado/Coleção Família Barros Franco

p. 124: Arquivo Nacional/Fundo Luís Gastão d'Escragnolle Dória

p. 127: Fotógrafo não identificado/Coleção Família Barros Franco

AGRADECIMENTOS

Gostaríamos de agradecer:

A Yvone de Barros Franco (*in memoriam*), a Leda de Barros Franco e a Marina Barros Franco de Souza Melo pela cessão de imagens para este livro.

A Roberto Meneses de Moraes, pelas fotografias e pelo incentivo ao estudo do Brasil Império.

A Natieli Santos Moura, bolsista de iniciação científica de Mariana Muaze durante a execução deste projeto, por ter fotografado os documentos originais no Arquivo Nacional.

A Ricardo Salles, que apoiou este projeto desde quando ele era ainda uma ideia.

A Anita Almeida e Claudia Santos, pela leitura cuidadosa e pelas sugestões à primeira versão do texto.

Ao CNPq e à Faperj, pelo apoio a nossas pesquisas.

À Chão Editora, pela acolhida entusiasmada do projeto.

Mariana agradece aos queridos Christiano, Isadora e Bernardo, por animarem sua vida e sua história. Keila agradece a Tatiana e a Carolina, por serem as melhores companhias do mundo, e a toda a sua *modern family*, pelo apoio de sempre.

Por fim, as autoras agradecem uma à outra pelas décadas de colaboração, paciência, confiança e boas risadas.

Este livro foi composto em Freight text em setembro de 2019.